我見鬼了

25個靈異目擊瞬間，
我們與祂們的距離

孫以恩——著

目次

2. 東海墓園的鬼擋牆……031
國小二年級時，阿公帶主角及家人進入東海墓園，遭遇「鬼擋牆」事件。

3. 氣爆空屋探險……037
國小六年級時，與鄰居及同學前往空屋探險，意外遇見靈異現象。

4. 老樹上的日本軍魂……044
國二上課時，主角無意間看到老樹上吊死靈體的校園靈異事件。

5. 福X飯店的詭異之夜：畢業旅行的真實恐怖事件……050
國三畢業旅行住宿鬧鬼飯店，夜晚異象頻發，班長夢遊與集體驚魂夜。

6. 邪靈奪舍：坐在墓地石棺上的女人……059
高二時經過墓地，發現神祕女子坐在石棺上，引發強烈不安與後續靈擾。

7. 吹狗螺：來自另一個世界的警告……065
高三時，老狗連續吹狗螺，靈異事件揭開一場自焚悲劇。

8. 路邊不規則的兩亡靈：絕望交替……070
大學畢業前車禍，主角目擊兩個不規則透明靈體，差點被抓交替。

9. 嬰靈作祟：被因果業力耽誤的唱作歌手……075
三段戀情背後皆牽涉墮胎陰影，導致事業停滯與靈異干擾的眞實故事。

10. 白場國樂團湊人數：遇見逝者本人……085
二十五歲那年接喪禮演出，被安排裝演奏，卻直面亡者靈魂。

11. 台中望高寮夜景區遇鬼事件……092
與前男友在望高寮遇見白衣女鬼，呼應當地都市傳說。

12. 台中都會公園月老祠夜景鬼故事……098
深夜前往月老祠看夜景，遭遇難以解釋的恐怖經歷。

13. 哥哥的靈異經歷：沉默的守護者……104
哥哥自小體質特殊，累積多起靈異事件，是家族中沉默的靈異見證者。

14. 媽媽的軍中鬼故事：禁閉室自殺的怨靈作祟……122
媽媽任職國防部話務員時，在禁閉室與自殺怨靈產生靈異接觸。

15. 那年，命案的夜晚……129
媽媽誤入命案現場，接連發現鄰居連環兇殺，與白色恐怖時代有關。

16. 醫院電梯遇鬼事件……141
主角在醫院照顧家人期間，搭乘電梯時遇見不屬於陽間的乘客。

17. 水鬼仔抓交替……146
阿公年輕時釣魚誤闖水鬼地盤，差點被拖走，揭開家族的水難警訊。

18. 阿公恐怖又帶點淒美的愛情故事……151
鄭成功後代阿公，與同姓冥婚亡妻的靈異糾纏，交織愛與怨的故事。

19. 阿嬤的陪伴與不解的靈異現象……158
阿嬤過世後，送行期間發生一連串詭異現象，暗示她從未真正離開。

Part 2

出自朋友之口的鬼魅傳聞

20. 書局的女老闆與她的「墜落」……166
街區書店女老闆情關難過跳樓，引發靈異現象與隱藏的案外案。

21. 無聲的跟隨……177
朋友的太太爲護理師，遭急診室亡者靈魂跟隨回家。

22. 十三猛鬼屋的詛咒：設計師朋友一家租到鬼屋……182
設計師一家住進「十三猛鬼」鬼屋十三年，歷經詭異連鎖事件。

23. 好客阿嬤請吃飯……196
農曆七月拜訪朋友，回程途中遭遇熱情卻「不該存在」的阿嬤。

24. 午夜加油站……202
朋友開計程車載客至深山度假村，遭遇詭異空間與失蹤現象。

25. 鬼話連篇：那晚的低語……210
學姊在二專宿舍中，經歷多重靈異事件的夜晚，至今難忘。

【推薦序1】

讓你邊讀邊檢查，身後有沒有多出一道呼吸的鬼故事

《靈異錯別字》主持人／賴正鎧（錯別字）

作為一名「找鬼記者」，七年來我穿梭在虛實之間，本以為自己已是陰陽兩界的常客，直到讀完孫以恩的《我見鬼了》，才驚覺有人從出生起就被迫簽下「鬼魂糾纏」賣身契。

多數鬼故事像盛夏午後的雷陣雨，轟隆作響卻轉瞬即逝，過一陣子就忘了剛剛發生過什麼，孫以恩的文字卻像陰陰梅雨悄無聲息，等你發現時，背後的白牆早已蔓延張牙舞爪的黑色黴斑。

書中〈東海墓園的鬼擋牆〉正是如此。

「墓園」與「鬼打牆」本是老套組合，但在她筆下有一種散文的筆鋒劃開靈異的皮囊，沒有張牙舞爪的特效，就是一種「沒想過這樣也會撞鬼」的真實感，也是孫以恩寫下來之後，我才由衷佩服「沒有自己親身遇過，實在不知道在墓園〇〇〇會引來這麼多鬼」，我不能暴雷，請你自己去看看。

至於與她的相遇，要回到二〇二三年。

我自己有一檔YT的靈異節目叫《靈異錯別字》，那一年我主辦鬼故事比賽，她的投稿像一柄沒開鋒的刀，外表樸素但劃過皮膚卻立刻見血。

當時我暗想「這人若不是天才，就是真的被鬼追著跑」，後來證明兩者皆是，又後來才知道她是位極為出色的音樂人，難怪文筆如歌詞。

說鬼故事我覺得是這樣的，那是一個挑戰門檻極低的擂台，誰都能上來揮舞幾招，但不要忘了你的對手是富有靈異題材的台灣老師傅們，你的拳法是真是假？是虛是實？三兩下便知有料無料。

所以靈異擂台上「真實」才是最兇狠的招數，孫以恩就是那少數的狠角色，畢竟當多數作家苦思如何「創造」恐怖時，孫以恩只需「回憶」，所以我強烈建議她可以出書。

我說：「別白白撞鬼了，不如寫下來，也不用擔心沒題材，反正過幾天又撞鬼了就可以繼續寫。」

看完《我見鬼了》再想想當初的建議，判斷是正確的，只是有點無良。

【推薦序2】

在人與靈之間，她用生命唱出一句句真話

史多利文化創意負責人／謝淑文

我認識的以恩，是一位真誠的歌手。

她唱出來的歌，每一句話，都是靈魂之聲。

不是那種用力證明什麼的聲音，而是讓人靜下來，讓人落淚的聲音。像是某個一直沒被聽見的自己，終於被安靜地抱了一下。

這本《我見鬼了》，也有同樣的魔力。正是她用另一種方式「唱」給我們聽的故事集，一首由二十五段靈異經歷組成的生命長歌。讀這本書，就像坐在深夜某個房間的角

落，看著她緩緩說起那些曾經讓她驚懼、困惑，甚至懷疑自己精神狀態的時刻。她沒有用尖叫或驚嚇來吸引你，而是用一種近乎平靜、幾乎誠懇得令人心疼的方式，把那些鬼魅與人心之間的距離，慢慢說出來。

這些故事當然會讓你起雞皮疙瘩。穿紅衣的怨靈、東海墓園的鬼擋牆、旅館中的夢遊事件、醫院電梯裡的「不屬於陽間的乘客」……每一篇都驚心動魄。但最讓我震撼的，不是鬼，而是她的坦白。

你會發現，這本書其實並不只是關於靈異，而是關於「那些我們一直不敢說出口的真實」。我們說我們怕鬼、怕黑、怕夢，但其實，我們更怕孤單、怕遺忘、怕被愛的人離開後連說再見的機會都沒有。

以恩在這本書裡，赤裸地寫下自己在不同年紀所經歷的「看見」。有些來自童年，有些來自家人，有些來自好友，有些則與她的愛情、創作甚至職涯間的交錯糾纏。她從不試圖把自己包裝成什麼靈媒或驚世通靈者，她只是誠實記錄下「那些我真的看見了」的片段。

這份誠實，是這本書最動人的地方。這不是一本純粹靈異故事集。這是一本誠實之書。因為它讓我們知道，靈異這件事，也許從來就不只是關於死亡或陰影，而是關於：「我們怎麼活著」。

當一個人選擇說出自己見過的「鬼」，她其實也正在替那些還沒說出來的人發聲。那些失去過的人、懷疑自己的人、還來不及告別的人，那些明明活著卻總感覺被困在某段黑暗裡的人。

所謂「見鬼」，有時只是我們終於看見那個曾被忽略的自己，那段還沒釋懷的過去，那一瞬失落的信念。

而以恩的文字，沒有指責，沒有誇張，只有溫柔而堅定地陪你一起看見。

推薦這本書，給願意誠實活著的人。

因為當你願意讀進去，你會發現：其實，我們每個人，都曾經見過鬼。

只是，有些人選擇忘記，而有些人，像以恩，選擇把這些故事留下，為了讓更多人，不再孤單。

【自序】

我們與祂們的距離

小時候，我總以為長大後的我會站在舞台上唱歌，成為一名歌手；也想像自己會成為在幕後創作音樂的製作人。直到真的走上音樂之路，我才明白——這些願望，我一個個都正走在實現的路上。十多年來，我為不少國際級藝人創作作品，也開始準備自己遲來的個人發片計劃。如今的我，依然全力以赴，持續奔跑在音樂與夢想之間。

但我萬萬沒想到，人生出版的第一本「書」，居然是一本鬼故事集！

音樂人的第一本書，不是詩集、不是創作筆記，也不是人生雜談，而是一本關於靈異經歷的記錄；而且現在，還要搭配單曲發行……這一切說來確實有點離奇，對吧？

更妙的是，這一切的起點，是一場鬼故事投稿比賽——還得了第一名。

從小的靈異體質，加上寫作的習慣，讓我常常把經歷記錄下來。不時投稿，也曾刊登於各大報紙專欄。有天，剛好看見中天新聞 YouTube 頻道《靈異錯別字》舉辦鬼故事比賽，我抱著「試試看就好」的心情，投稿了三篇自己的親身經歷。

原本只是隨性參加，沒想到竟然分別獲得「第一屆第二名」、「第二屆第一名」的成績。這些名次不只是評審評選，更包含了全國網友的票選。

比賽主辦人——賴正鎧主播，因為這場比賽，我們產生一種難以言喻的量子糾纏。他推薦我給「時報出版」，簽約的過程竟出奇順利，兩三次交涉過程就完成了簽約。

就像一場靈異版的顯化旅程，詭異、夢幻，又無比真實。

我只能用「恐怖、驚悚、驚嚇」來形容那時的感受（笑）。

也想在這裡，特別感謝讓這本書真正誕生的關鍵人物。

從主播賴正鎧的推薦，到時報出版的主編、總編與董事長之間來回與交涉，一路上都是他們的支持、信任與專業，才讓這本原本只是「比賽投稿的延伸作品」，能正式進入出版流程、變成一本真實存在的書。我知道，在這個瞬息萬變、出版不易的年代，能出版一本書從來都不是理所當然，而是一種珍貴的緣分。謝謝你們願意相信一個來自音樂圈、講著靈異故事的人；謝謝你們替這些不為人知的經歷，找到一個能被閱讀、被記錄、被理解的位置。

一場比賽，讓我得了獎、拿了獎金、上了直播、積累人氣，甚至即將出書！這發展快得像沒腳本的劇本，一切都順得不可思議，彷彿宇宙早就安排好了一條神祕的軌道。

但你想想——人生，本來就像一場靈異事件。

你以為萬事安排得穩妥，命運卻偏要從側門闖入，用最荒謬又奇妙的方式，為你打開下一扇門。

與其說這是我的第一本書，不如說，這是我與這個世界之間，一份難以解釋的「靈魂協議」。

這不是規劃好的產品，也不是市場策略，而是一連串真實、無法忽視的「發生」。這本書，寫給那些讓我「害怕，但也讓我成長」的時刻。

有人說，有靈異體質是一種天賦，也是一種業。我曾經抗拒、也害怕，甚至刻意壓抑。但那些記憶像是埋在體內的根，一到深夜就自動發芽、冒出來。

與其讓祂們像夢魘一樣反覆出現，我選擇誠實地把祂們寫下來。

靈異體質，像一條不請自來的命運線，從我還是孩子時就悄悄鑲進人生中。家裡、學校、旅途、醫院、演出場地……祂們總在你最不想遇見的時刻現身。

曾經夜店演出後回家發生車禍，那場差點被「抓交替」的經歷，不僅成為人生的轉捩點，也改變了我對生命與職涯的節奏。

這些片段，對別人來說也許是起雞皮疙瘩的驚悚故事，對我而言，卻是真實的痛與驚懼。

本書收錄了二十五篇真實靈異故事，有我的經歷，也有家人的，還有朋友們不願再提卻無法遺忘的記憶。

這些事件像無形的絲線，把我從「創作人」的身分，牽引到某種神祕的靈界編年史。

我寫這些故事，是為了自己，也為了那些曾出現在我生命中卻未曾留下姓名的靈魂。他們也許只是想被看見、被理解，甚至說一句話。

如今，我願意成為那個聆聽、記錄，並說出來的人。

無論你是誰，我希望這本書能成為你的一盞小燈，在你探尋未知與回望恐懼時，帶來一些理解、一點共鳴，還有一絲敬畏。

靈異本不可怕，可怕的是——我們從不聆聽那些來自「另一邊」的提醒。

我不敢保證你會因此相信鬼神，但我希望你能明白：

有些事，真的不能只用科學來解釋。

我用最真實的聲音，寫下這些發生過的事。

不是創作，是記錄；不是杜撰，是見證。

願這些故事不再只是恐懼的代名詞，而是提醒我們珍惜當下、善待彼此的座標。
如果你，也曾看見過「不該看見的東西」——
那你就知道，你不是一個人。
謝謝你翻開這本書。

二〇二五．寫於鬼故事出版之前夕——孫以恩

Part 1

我與家人經歷的靈異時刻

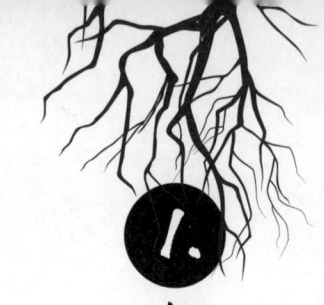

1. 紅衣怨魂：透天厝的詭異住客

我是單親家庭長大的孩子，兩歲後就和媽媽、哥哥一起搬回阿公、阿嬤家住。

我的爸爸在我還很小的時候就離開了我們，所以我對他的印象一直很模糊。從小到大，家裡的每個人都很忙，只有我和哥哥常常在家裡待著。

阿公、阿嬤剛從嘉義搬來台中，對這個地方並不熟悉，他們在台中東海新興路上找到了一棟兩層樓透天的房子，當時房租特別便宜，聽說是因為「路沖」，但阿公向來百無禁忌，對這些說法不屑一顧，因此我們暫時住了下來。

這棟房子雖然不大，但有著陳舊的氣息，屋子的外牆早已斑駁，尤其是靠近巷子的那一面，總是給人一種說不出的壓迫感。每天放學後，哥哥和我會先去鄰居阿嬤家，等媽媽下班再回家。

鄰居阿嬤是一個很熱心的老人，總會幫我們準備好點心。相比鄰居阿嬤家裡那種溫馨的氛圍，我們住的透天厝總是顯得陰冷，特別是到了晚上，整棟屋子都瀰漫著一種難以解釋的濕寒，彷彿有什麼東西在暗中窺視著我們。

附近有一條小巷，是捷徑通往新興路的，我們經常在那裡玩耍。當時，附近有個非常著名的社會案件——台中保險員分屍案，犯人「陳金火」就住在距我們家五分鐘路程的機車行。小巷裡有時會見到他，蹲在那裡抽煙，他的眼神總是讓我不安，那種冷漠、深邃的眼神，讓我每次經過都忍不住加快腳步。雖然那時年紀小，我卻隱約感覺到他身上散發著一股邪氣。

第一次遇見紅衣阿姨

某天下午，我和哥哥搭幼稚園校車回家，媽媽在學校教課還沒回來，阿公、阿嬤回嘉義去探親，把鑰匙放在鄰居阿嬤那邊保管，下校車後鄰居阿嬤幫我們開了門，屋裡立刻傳來一陣詭異的聲音，像是從樓梯深處傳來的低語。哥哥臉色一變，馬上攔住我，說：「別進去！」然而，年幼無知的我沒聽他的話，直奔屋內。我跑到廚房直接打開冰箱，拿出一瓶養樂多，正準備插吸管時，突然感覺到後背涼颼颼的，像是有人盯著我。我回頭，看見哥哥神色慌張地衝進來，一把抓住我的手，急促地說：「走，快走！」

就在這時，我餘光瞥見樓梯轉角，那裡有一隻細長的手緩緩伸出來，手指異常修長，指甲尖銳，幾乎要劃破空氣。那隻手沒有動，卻給我一種被盯上的感覺。年紀還小的我不知道要怕，但有種寒意從腳底直竄心臟很震憾的感覺。

哥哥強行拉著我跑出屋外，直到門關上，我的心跳才漸漸恢復正常。鄰居阿嬤看著我們，神情有些複雜，彷彿知道些什麼，卻沒有說出口。那天，我們只好在她家待著，直到媽媽回來。

第二次相遇

幾天後的一個午後，我在家裡跑來跑去，當時家裡只有我一個人。我心血來潮想上樓找阿公，走到二樓時，我透過舊式的半透明木窗看到房間裡有一個人影，背對著我坐在床上。我一邊走近阿公的房間，一邊喊：「阿姨，妳怎麼坐在阿公的床呢？」那個身影穿著一件鮮紅的古裝，梳著髮髻，長髮及腰，像古代戲劇裡的角色。

我剛走到門口，她開始慢慢轉身，露出側臉。她的臉……是青紫色的，像是被勒住的感覺，嘴角微微上揚，露出一個詭異的笑容。那一瞬間，我的腦袋一片空白，腿像灌了鉛一般無法移動。

她的臉越轉越過來，我感覺到一股冰冷的寒氣從腳底升起，幾乎要凍住我的靈魂。我不再猶豫，轉身就往樓梯口跑，但沒跑幾步，我的背部突然傳來一陣刺痛，就像有一根冰冷的手指深深刺入我的脊椎。我失去平衡，整個人滾下樓梯，重重摔在一樓的地板上。

醒來時，我發現自己躺在床上，頭上裹著冰袋，腦袋還是陣陣發疼。我告訴媽媽：「我被紅衣阿姨推下來了。」她卻說：「小孩別亂講話。」然後帶我去醫院，醫生說有輕微的「腦震盪」。那晚，我不停做惡夢，夢裡，我被那個紅衣阿姨牽著手，不斷爬樓梯，她的手冰冷得像死人，每爬一階樓梯，我的心跳就更快一分，非常真實的恐怖夢境。我跟家人說了這件事情後，媽媽帶我去收驚，才稍微好轉。

第三次的恐怖

某天我又跑到二樓來找小舅，他的房間在阿公房間的後方，小舅舅的房間是有陽台的，而且是面對路沖的方向，這一次，我終於看到了紅衣阿姨她的正臉。

阿公把神明廳設在陽台旁，我一推開門，便看見她站在陽台上，幸好，神明廳設在旁邊，她似乎無法進入那個區域。

她的手指甲在接近神明廳時突然停下來，我看著阿姨穿著那件熟悉的紅色古裝，臉上掛著一個詭異的笑容。她的臉完全青紫，眼神空洞，嘴角的笑容扭曲得如同惡鬼一般。她的手指甲長得異常，像是尖銳的鐵鉤，手要朝我抓，張牙舞爪的伸過來。

我的心臟幾乎要從胸口跳出來，馬上回頭跑走逃回一樓，渾身發抖，額頭布滿了冷汗。

餘波未了

後來，我們搬離了那棟房子，搬到了藝術街的新家。雖然離開了，但那紅衣阿姨的身影卻仍然在我心中揮之不去。

夜深人靜時，我總能感覺到她的目光，像是在某處暗暗注視著我。每當我經過樓梯口，我都會情不自禁地停下腳步，回想起那隻尖銳的手指甲，還有那詭異的笑容。即便是多年後，我依然無法完全忘記那個紅衣古裝的阿姨。她的笑容，仍然在我的夢裡重現，讓我每一次醒來，都忍不住背脊發涼。

有些房子便宜得不尋常的時候，可能背後有不為人知的故事，千萬不要租。還有，當你看到一些跟平常不一樣的東西時……「麥問！你ㄟ驚！」

2. 東海墓園的鬼擋牆

我是聽著阿公拉二胡長大的小孩，阿公自小便有著無師自通的音樂天賦。他熱愛戲曲，常常在戲班找表演的機會，儘管已經退休，依然不忘表演的熱情。

他總是說，只要在戲棚下站久了，終會有屬於自己的演出機會。每當我和哥哥在家時，阿公就會拉起二胡，練習那些古老的曲調，甚至還常常自豪地說連鬼都喜歡聽他的音樂。這樣的話雖然令人有點小小的不安，但也讓我們都會覺得阿公很風趣。

記得那是一個燦爛的夏日，正值暑假，阿姨特意帶著住在新竹的表哥和表姐來到台中，準備好好聚一聚。阿公則帶著我們四個兄弟姊妹，毫無預警地走進了「東海墓園」。這裡的墓園不大，沒有管理員，顯得格外清幽。從大門口望去，裡面一片寧靜，陽光穿透樹梢灑落下來，讓人覺得這裡並不像名字那樣可怕。

我們四個對於墓園的意義根本不懂，快樂地跟著阿公走進去，心中只有期待和好奇。阿公的行為一直都很令人出乎意料，他把舊式的卡帶收音機、二胡和一堆台語卡帶帶進了墓園。走到一棵大樹下，他竟然開始拉起二胡，音樂聲在寧靜的墓園裡迴盪。

我們四個在他身旁跟唱著，感覺就像是在舉行一場小型的音樂會，《望春風》、《燒肉粽》、《甜蜜蜜》好多經典老歌，我們一首接著一首唱得非常入神，不知道要害怕的我們無憂無慮地享受著這一切。可是不知為何，空氣中彷彿有一股異樣的緊張感，讓我隱約感到不安，樂聲在墓園中響起，總有一種壓迫感從四周八方散發而出，好像是真的有不少觀眾在默默注視著我們的即興演出一般。

當時阿公的收音機

時光飛逝，漸漸地天色開始變暗。回過神來，我們四個肚子都餓到咕嚕叫，也一直吵著要吃飯，並且催促阿公想要回家了。雖然他還意猶未盡，但也覺得該吃晚餐了。

就在我們幫忙阿公收拾東西的時候，阿公突然說自己尿急，因離出口大約有十分鐘的路程，阿公選擇在墓碑旁邊直接方便起來，他背對著我們四個，拉鍊一拉就尿了起來。哥哥連忙制止，告訴阿公這樣做很不禮貌，然而阿公卻不以為意，嘴裡還喃喃自語說什麼「我已經來做功德拉二胡給祂們聽，祂們聽得很開心，我們大家都是好兄弟，不會怎樣的啦」，然後就自顧自的隨意地解決了生理需求。

收拾完東西的我們開始朝出口走，結果我們五人開始不斷地走回到剛剛那棵大樹下，繞了又繞，巡迴好幾遍，原本十分鐘就可以走出的墓園，沒完沒了的一直重覆著，似乎陷入了某種無形的循環。我們五個這下知道要緊張了，因為這不可能是巧合。

阿公也開始感受到不對勁，眉頭緊鎖，似乎明白自己闖下了大禍。他試圖掩飾，盡量不讓我們感到恐慌，但在我心裡，已經隱約覺得這地方隱藏著什麼不尋常的東西。

阿公罵罵咧咧的大聲「撟」*了出來「靠北，鬼擋牆！」，接著我們看阿公喃喃自語，聲音中開始透著一絲絲的慌張。他雙手合十，向剛剛撒尿的那座墓碑，以及四面八方的好兄弟們道歉，語氣中流露出前所未有的敬畏感。

阿公承諾他改天會帶水果來這裡賠罪，並且會在此拉二胡表演給墓主還有其他「好兄弟」們聽。就這樣，講完沒過多久，我們懷著忐忑不安的心情，終於在阿公誠心的道歉後，成功走出了「東海墓園」。

那晚回到家，我們四個小朋友都很累。阿公一如既往地還是做著他平日該做的事情，卻始終無法掩蓋他心中的不安。我們也不敢跟其他家人說，而當天晚上真的睡得很香，也沒發生什麼事情，幾天後，阿公誠懇的帶著水果和冥紙回到墓園，並在那棵樹下拉起二胡向無形的祂們賠罪，幸好之後也沒什麼太奇怪的事情發生。

此後，阿公再也沒有帶我們進去那個墓園。

我知道，這裡雖然看似平靜，但那棵樹和墓碑之間，隱藏著的是一個我們無法觸碰的禁忌。在後來的日子裡，我常常會騎車經過那片墓地，因為那是回家必經的路段，每次經過的時候，心裡總是浮現出阿公的身影和那令人毛骨悚然的經歷，這件事將永遠烙印在我的記憶深處。

無論如何，我想誰也不想輕易踏進墓地，遇到墓地請保持敬畏之心，遠遠地觀望即可，不要學靈異節目頻道去探尋那種神祕，因為後果真的不是一般人能承受的。

後來我大概國中的時候，跟媽媽說起這起事件，媽媽才跑去念阿公說怎麼帶我們四個去那裡唱歌，覺得阿公這個行為非常不好，她一邊說著小朋友磁場跟大人不同，沒那麼能承受那些東西，一邊擔心地問：「萬一出什麼事怎麼辦呢？」

阿公也是嘴硬，還回媽媽一句：「啊~不就也平安長大了。」媽媽聽完也懶得再說什麼，只叮嚀他以後別一個人跑去那種地方。從那之後，阿公就改去找戲班拉二胡，把表

* 撟：台語音「kàn-kiāu」，罵人。

演的場地換成真人。

這起事件發生時我年紀尚小，大約十歲那年，阿公又跟我講古。他說，其實有時候我們去廟口看布袋戲或歌仔戲演出時，台下的觀眾會「滿滿滿」。

我說為什麼？阿公說，如果你沒有看到那種「滿滿滿」，那是最好的；但如果真的看到了，就要靜靜地看戲，別亂說話，最好在戲快結束前先離開。因為那些觀眾不一定是人，是好兄弟們也一起來看戲，所以才會「滿滿滿」。

3. 氣爆空屋探險

住家距離兩條街附近有一間獨棟透天三層的空屋，常年沒有人居住，外觀非常老舊，有一扇很高的紅色鐵門，旁邊矮牆不高可以爬進去，感覺曾發生什麼案件般一直沒有人處理荒廢在那，附近的人都說夜晚經過時，周圍像布滿了青色綠光，籠罩著整個房子。

那時國小六年級的我和國中二年級的哥哥，還有鄰居哥哥、姐姐以及我的兩位同學六人約下午四點，往那個空屋前進。因為我們常年看到那棟空屋都沒人，好奇心的驅使讓商討已久的我們想進去探險遊玩。下午那個時間幾乎不會有大人在附近出沒，年少輕狂的我們紛紛討論要爬過矮牆跳進去，還開玩笑的說道：「咱們有六個人沒啥好怕的。」

記得那天是哥哥一躍就先爬了進去，接著我們一個接一個搭好手也跳進空屋內，進去後發現庭院中雜草叢生，我們還看見地上許多碎玻璃，大門前幾條黃色的封鎖線，但封鎖線沒有圍好，散落在庭院，大門好像有一點焦黑的痕跡。

首先鄰居哥哥開了大廳的大門就走了進去，我哥接上我後也走到了大門口，再來我和我的兩個同學也一同走到了門口，這時我哥哥竟然說他不進去了，示意我不要進去，哥哥轉頭馬上就跳了出去。

這時候我走到大門前，看到率先進去裡面的鄰居哥哥開了進大門後的一個門，站在門外可以看到那是廁所，A同學走進去撿起地上燒焦的一面鏡子，這面鏡子破了，但仍有一半以上的鏡面是完整的，B同學則是在走動時踩到了一個鋼碗，發出很大的聲響，接著向房子深處一直走進去，這時哥哥在外面喊，叫我趕快出來，鄰居姐姐這時說裡面好像被燒過，像發生過火災。

我當下也好奇，一步步走進了大門裡，我一走進大門，看向右方就是鄰居哥哥開門進去的廁所，出廁所往右邊就是通往二樓的樓梯，我正要轉進去時，突然看到一隻燒焦的手，從樓梯伸下來，我嚇到尖叫向外跑。

結果鄰居姐姐這時也尖叫了起來，我們同時往外衝，鄰居姐姐衝出大門前，被B同學踩到的那個鋼碗給絆倒，一摔撞到膝蓋，她說她非常痛站不起來，鄰居哥哥連忙扶起她，就大喊說「快走，有人下來了」。我哥哥這時也在外面急得大喊叫我們快點出來，我們用最快的速度爬上矮牆跳出去。

這時我邊爬邊看到二樓的窗邊有一個人影在跟我們揮手，像在打招呼跟我們說「再來玩」，從二樓下來的燒焦人影在大門裡跟我們招手叫我們回去，而我們先出來的五人還眼睜睜的看著B同學穿過焦人的身體衝出大門，當下五人傻眼，並嚇到不知所措，B同學最後跳出來後，我們六人儘快逃離了那棟空屋區域。

後來鄰居姐姐支支吾吾，很害怕地說她當時看到有個燒焦的人走下樓來，伸出他的手要牽我，我是只有看到那隻燒焦的手伸到我面前來。

鄰居哥哥開了那個廁所的門，他說裡面是燒焦的味道，而且他有看到整個燒焦的人從樓梯上邊走下來邊招手叫他上樓；A同學是走進去把那面鏡子拿起來看，他說看向殘片中的鏡面時，後方有個燒焦的臉在對他笑，他驚嚇拋摔了手中的鏡子，快快衝出屋子；B同學是進門踩到鋼碗後就一直走向最深處，她說當下一直有個感覺把她帶到了裡面，而且她記得走進裡面，腳邊有很大塊生鏽的鐵片，最後是她聽到鄰居姊姊摔倒的聲音了，才驚醒回過身去，看著大家往外衝，她是最後一個衝出房子的，她描述當她衝過大門時像是穿過了一個霧霧的東西，我們後來一起分析，她走進去最裡面的地方是廚房。

因為我哥哥八字二兩七，雖然他是最先跳進去的人，但他說在庭院時就已經看到樓上窗戶邊的人在向他招手，因此他馬上就決定不要走進去，覺得不妙所以也叫我快走，結果我還笨笨的，當時大家一心想進去根本都沒在意我哥的話。

後來我們聽大人們說那棟空屋發生過嚴重氣爆，裡面死了三個合租的大學生，因為陰氣太重也請過法師來做法，似乎沒有起到作用，氣爆後房子空置非常多年，屋主都沒有再做處理，裡面也有當初的廢棄家具還有警方拉過的封鎖線，我跟哥哥夜晚經過這裡時都感覺房屋像罩著青色的綠光，種種奇異的覺察之下，反而更想一探究竟，小時候不懂事沒想太多，長大才知道好奇心真的會害死貓呀！

這個事件後我們都不太平安，鄰居哥哥看到最多東西，他整個人生病發燒，昏迷躺了醫院兩個星期；鄰居姐姐是摔傷的腿非常腫，形容像火燒般的刺痛，跑了長達一個月的醫院，才完全好起來能正常走路；A同學則是夜夜都夢見了燒焦的人要跟他玩躲貓貓，整個人在一夕之間暴瘦十公斤；B同學說她一直夢到瓦斯沒關、瓦斯桶爆炸了，被殘片噴到肚子就醒來的夢，還常常有感覺她不是她，她家人說她成天恍神恍神、念念有詞說黑黑的、火燒起來了，兩星期請假沒上學；哥哥是一直夢到那個招手的人向他招手，還有整棟屋子爆炸的畫面；我則是好幾天做惡夢，夢到從樓上下來那隻燒焦的手牽著我走向樓上，最可怕的是我醒來手上真的有燒焦的黑色炭粉痕跡，實在沒辦法解釋。

我媽嚇得連忙帶我跟哥哥去求助認識的仙姑、師父，師父說那個走下來牽我手的非常喜歡我，覺得我很可愛想帶我一起走；而牽引B同學的燒焦人從她進門後，就想直接帶走她，她被上身是最嚴重的。

我們這六個小朋友的家人都不約而同的帶我們去宮廟收驚、找仙姑、師父做法事等，最後好在化解了，沒出人命，事件落幕後大人們都警告我們千萬不要再去那種地方探險。

經過這個白目冒險事件，我們都學乖了，之後也減少經過那棟房子，改走別條路，但B同學家就在那棟房子附近，她只能常年繞路，就是不想經過那棟房子。

三年後，聽附近居民說那棟房子被賣了，新屋主決定把整棟全部改建，但工地時常有莫名奇怪的小火燒、工具自燃等事件，還有工人不知道在二樓看到什麼嚇一跳摔下來腿骨折受傷等等。

新屋主才知道為什麼舊屋主要賣房子，似乎是舊屋主在氣爆後有找工人清理氣爆殘骸，當時有發生一些難以言喻的靈異事件，在鬧得很兇的幾起事故後，他只好空置這棟房子，而新屋主是非常無奈的，後悔買房子前沒有打聽清楚，摸摸鼻子還是得請法師再去做法事淨化，改建時怪事不斷的傳聞一直都被附近居民討論著，現在那棟房子也還在，隨著事過境遷我們六人都長大成人，便不再去探聽那棟房子的後續發展了。

看完上面的真實案件，我真的很想跟愛去空屋探險的青少年或大膽的朋友說說，別不信邪，切記不要亂跑去你不知道的地方或空屋探險，打擾那個地方的好兄弟真的不是什麼好事，如果有上述的靈體就不叫探險，而叫找死了！衝犯、冒犯到你不了解的事情是你沒辦法承受的。

而這個事件影響我非常深，大學時期同學要夜遊我都回絕了，雖然很不合群，但你要知道，等你親身遇到了這麼可怕的情景，後悔是來不及的，到了今天我仍然心存餘悸。

4. 老樹上的日本軍魂

這是發生在我國中二年級時，至今難以忘懷的校園恐怖事件。

當時的我，個子不高，坐在教室靠窗邊的第二或第三排，外面的陽光透過玻璃灑進來，照得整間教室有些刺眼。那天是個悶熱的午後，空氣暑氣濃稠得像是要把人悶住，讓人不禁汗流浹背。我正百般無聊望著黑板，思緒有些飄忽，突然感覺到一絲異樣。

午後兩點左右，本該炎熱的空氣中，卻有一陣奇怪的寒風忽然從窗戶縫隙中吹進來。這風異常冰冷，彷彿夏日裡突然降臨的刺骨寒流，瞬間讓我從昏沉中驚醒。這樣的冷風在這個季節非常不尋常，教室裡的其他同學似乎並沒有察覺這股寒意，只有我感覺到那股涼風，令我不由自主地打了個寒顫。

右邊的同學已經請假好幾天沒來，我猶豫著是否要提醒其他同學把窗戶關小一點，免得這異樣的冷風繼續侵入。就在我無意識轉頭看向窗外的瞬間，一個讓我永生難忘的恐怖景象猛然出現在眼前。那是一棵教室外的老樹，樹冠繁茂，樹葉在微風中沙沙作響，然而，與平時的景象不同的是，這次樹上竟然懸掛著一個人。

那是一名軍人，他的身體搖曳不定，隨著風輕輕晃動。他的軍服看起來破舊不堪，布料上的汙漬似乎訴說著長時間的風霜洗禮。隱約可見他胸口的日本國旗標誌，這讓我立刻意識到，這是一名日軍士兵。然而，讓我感到不寒而慄的並不僅僅是他的身分，而是他死狀的恐怖。他的脖子被粗重的繩子吊著，身體懸在半空，隨風輕輕擺動。頭上仍戴著一頂舊式的軍帽，但帽子下的臉已經被時間和死亡侵蝕得不成人形。

隨著風的吹拂，士兵的身體緩緩轉向我的方向。就在那一瞬間，我與他的目光交會。他的臉上浮現出令人毛骨悚然的景象——一隻眼球已經脫離眼窩，僅靠著些許神經和組織垂掛在臉旁，隨著他的擺動微微晃動。臉上爬滿了蠕動的蛆蟲，腐爛的皮膚像是枯葉般剝落。

他的頭微微側歪，嘴唇半張，似乎想說什麼，然而什麼聲音都沒有發出。最可怕的是，那空洞的眼神，彷彿透過時間和空間，死死地盯著我，直刺入我的靈魂深處，彷彿他看穿了我心底最深的恐懼。

我的呼吸變得急促，整個身體不由自主地僵住了，我想移開視線，卻發現自己無法挪動分毫。那股寒意似乎不僅僅來自窗外的冷風，更來自那名士兵亡魂的凝視。我感覺他正一點一點地逼近，儘管他的身體仍懸在樹上，但他的存在感卻越來越強烈，彷彿下一秒就會出現在我的面前。

他的眼神中充滿了怨恨和無盡的痛苦，那是一種來自深淵的哀嚎，無法言說的沉重與壓抑像一座山壓在我的胸口，讓我幾乎喘不過氣來。

當下，我整個人僵住了，恐懼像一隻無形的手緊緊攫住我的心。我想逃跑，想要尖叫，但無論是腿還是喉嚨，似乎都被不知名的力量壓住，動彈不得。身體如同被施了咒語，失去任何控制能力，只能僵硬地坐在位子上，全身劇烈顫抖，內心的恐懼像洶湧的波濤一波波襲來。

事後根據老師與同學的描述，我當時臉色蒼白如紙，眼神空洞無神，像是一瞬間失去了所有的生命力。他們形容我像是被某種看不見的東西吸走了靈魂，整個人變得異常呆滯。

老師察覺到我狀況不對，快步走到我身旁，輕拍著我的肩膀，語氣溫和地問：「你還好嗎？怎麼了？」然而，我依然說不出任何話，無法回答，只能無助地微微顫抖。老師見我不對勁，立刻叫來班長，請他扶我去保健室休息。我在班長的攙扶下，僵硬地站起來，腳步沉重得像是踩在泥沼中，艱難地往教室門口移動。

然而，就在這一刻，我忍不住再次轉頭，透過窗戶瞥見那棵老樹——那名懸掛在樹上的日本兵依然在那裡！這次更加恐怖的是，他的另一隻眼球也掉了下來，像破碎的玩偶般垂掛在臉頰旁，隨風輕輕晃動，骯髒且血淋淋的眼球彷彿就懸在我面前。那一幕瞬間擊垮了我的理智，我終於再也無法壓抑內心的恐懼，從喉嚨深處爆發出一聲撕心裂肺的尖叫，淚水毫無預警地奪眶而出。

我猛然掩住臉，心中唯一的念頭就是趕快逃離這個詭異的地方。老師見狀，迅速加派另一位同學一起扶著我，終於將我送到了保健室。在那裡，我一邊發抖，一邊無法停止回想剛剛看到的景象，那股無法形容的恐懼依然深深扎根在我的腦海中，揮之不去。

事後，老師非常體貼地幫我換到了教室另一邊，遠離窗戶的位置，同時私下叮囑我不要把這件事告訴其他同學，怕引起不必要的恐慌。起初，我以為老師是不相信我所說的話，直到他提到，那位已經請假好幾天的同學也有過類似的經歷，並且也要求換座位。我驚訝地發現，不只我一個人目睹了那名可怕的日本兵，甚至其他班的學生也陸續反映，曾經在經過那棵老樹時看到「吊死的日本兵」。

隨著傳聞在校園內逐漸蔓延，越來越多的學生提及看到類似的異象，這讓校方不得不重視這件事情。最終，校方決定在一個周末，請來法師進行法會，試圖為這棵老樹超度亡靈。儘管之後那棵樹再也沒有出現靈異事件，但關於它的傳說卻永遠留在了學校裡，成為大家口耳相傳的禁忌話題。

多年後回想起來，我開始相信，許多看似虛構的校園傳說，也許並非完全的虛構。據說，許多學校的地皮曾是古戰場、亂葬岡，甚至刑場，這些土地上埋藏著無數未解的怨魂。

而那個午後，我所見到的或許正是這些歷史陰影中，一個被遺忘的幽魂。那名日軍士兵的亡魂，不知是在何種痛苦和恐懼中被捲入了死亡的漩渦，但他的存在，無聲地提醒著我們，歷史的陰影從未真正遠去。

六、福X飯店的詭異之夜：畢業旅行的真實恐怖事件

我們高三的畢業旅行安排得很緊湊，第一站是桃園的小人國，接著到台北的木柵動物園。三天二夜的行程讓大家都充滿期待，但誰也沒想到，這次的旅程會帶給我們一場永生難忘的驚悚回憶。

因為塞車，我們班的遊覽車在接近晚上七點半時才抵達台北知名的福X飯店。天色已經完全暗下來，只有飯店門口昏黃的燈光照在濕滑的地面上，給人一種莫名的陰冷感。

當我們走進飯店時，導遊和老師安排我們女生住在十二樓，男生則住在十三樓。我們分配到了一整層樓，這種「包層」的安排原本應該讓我們感到安全，但在踏進十二樓的那一刻，我就感覺到這層樓有點不對勁。

十二樓的走廊特別寬敞，一眼望去看不到盡頭，走廊盡頭的窗外能看到飯店背後的山坡。山坡上排滿了LED燈，照得整片山林一片浪漫。幾個同學興奮地說：「明天早上一定要在這裡拍照！」但我總覺得這窗外的風景有點詭異。

我的房間在走廊的盡頭，旁邊還有一個凹進去的區域，裡面有一部小型的電梯。導遊特別叮囑我們不要搭乘這台電梯，說它是給飯店工作人員用的，電梯已經壞了，外面還掛著一個「故障」的牌子。我聽著點了點頭，但心中隱隱覺得那電梯角落有些詭異。

我們四個女生分配到了一間房，房間看起來很舒適，有兩張大床，陽台上懸著一層厚厚的白紗窗簾，隨著空調的風輕輕飄動。我選了靠窗的那張床，覺得早上起來就能看到外面的美景，心情自然很好。

進房後，我們依照傳統禮習俗，敲門說「打擾了」才進去。大家輪流洗澡、整理行李，氣氛一片輕鬆愉快。但沒過多久，其他幾個女同學就來找我了。她們知道我會算塔羅牌，特別是平常幫她們解讀未來，準得讓人發毛。這一次，她們紛紛湊過來，想讓我幫她們看看愛情或是未來的運勢。

「一人問一個問題。」我笑著說，然後開始幫她們抽牌、解牌。每次解讀時，我腦海裡的靈感像是一種不可解釋的力量，讓我倍感奇異。隨著夜色加深，我的心情也越來越不安，這種不安並非來自塔羅牌本身，而是來自周圍的氣氛——房間裡的空調冷得異常，無論我們如何調整溫度，都無法暖和起來。

「這空調好像壞了吧？」我嘟囔著，看向窗外，夜色已經漆黑一片，只有LED燈散發出淡淡的光。

「涼爽一點多好，沒事的。」其中一個女同學笑道，勸我們不要去煩老師或導遊。

然而，隨著時間推移，我越來越覺得這寒冷不是來自於空調，而是某種無形的壓力。就在我開始感到有些心煩意亂時，突然想到我早上將水壺交給班長保管，便決定去找她拿回來。

班長的房間在走廊的最盡頭。我走過長長的走廊，燈光昏暗，每走一步都讓我的心跳加快。當我敲開班長的房門時，看到她正坐在床邊，靜靜地整理著她的背包。奇怪的是，班長的動作重複而呆滯，她不斷地把東西拿出來又放回去，像是陷入了一種無意識的循環。

「班長，你在做什麼？」我輕聲問道，但她只是笑了笑，沒有說話。

「她好像在夢遊。」其中一個室友悄聲說。

我看班長的樣子確實不太對勁，但沒多說什麼，只是拿起水壺，對她點點頭說：「我拿走了喔。」然後轉身離開。當我走出房間時，忍不住回頭瞥了一眼——班長依然笑著，手中的動作毫無變化。

當我走回自己的房間時，恰巧看到走廊盡頭的那台工作電梯門打開了。記得導遊說過這台電梯是給工作人員用的，而且已經故障了。但門打開後，我看見一個男人站在裡面。他背對著我，瘦長的身影靜靜地站在電梯中央，一動不動。

我正想開口問他有沒有工作人員可以幫忙修空調時，突然，一隻手伸了過來，猛地拉住我的手臂。我嚇了一跳，回頭一看，竟是導遊。

「噓，別問，明天再說。」導遊壓低聲音，手指在嘴唇前比「噓」的手勢，然後急促地拉著我離開。我心中一陣恐懼，但還是點了點頭，匆匆走回自己的房間，什麼也沒敢說。

回到房間後，我繼續幫幾個同學算塔羅牌，但腦海裡那股不安的感覺越來越強烈。直到我不經意地抬頭，透過房間裡的大電視螢幕，看到一個黑影，那是一個穿著黑斗篷的身影，站在房間的角落，靜靜地盯著我們。

「電視倒影！」其中一個女同學耳邊小聲提醒我。

我猛地轉過頭，但角落裡什麼也沒有。我裝作若無其事，讓大家趕緊回房間休息。我的心跳加快，神經繃緊，但我沒有表現出來，害怕嚇著其他同學。

後來那晚，幾個人擠在床上入睡，我回到靠落地窗的那張床看著另一個入睡的同學，往她身邊一靠，用棉被蓋頭，把旅遊帶來避邪的護身符拿來放在枕頭下，試圖讓自己冷靜下來。夜漸深，我終於感到一絲睏意，朦朧中我睡著了。

大約在凌晨兩點，我突然被一陣冷風吹醒。白紗窗簾無風自動，緩慢地掀起，像是有什麼東西在窗外撫動著它。我試圖翻身，但身體卻像是被什麼東西壓住，無法動彈。就在我感到無法呼吸時，突然聽到一聲尖叫。

「窗戶外面有人！」尖叫聲來自另一張床上的同學，聲音尖銳刺耳。

我猛地坐起來，感到胸口的壓力瞬間消失。其他同學也都驚醒，我們打開燈，衝向窗邊。那時，最勇敢的同學拉開了厚重的白紗窗簾。

我們全都呆住了。

窗戶根本沒開，外面的風不可能吹進來。而我們所住的十二樓，根本不可能有人站在窗外！

我們全都嚇得無法再待下去，連忙跑到導遊房間。導遊見狀，拿出了一本聖經，開始念念有詞，帶我們回到房間，然後將聖經打開，放在我們房間的桌子上。

「你們會沒事的，」她安慰我們，但她眼神中的焦慮卻沒有瞞過我。

當晚，我們全都不敢回房，穿好衣服在十二樓的前廳坐到了天亮。天亮後，我們收拾行李，準備離開飯店。當我們站在窗邊，看向原本打算拍照留念的地方時，突然發現窗外那一片ＬＥＤ燈的山坡，竟然是一整片的公墓！

我們拖著疲憊的身體熬到了天亮已經很累了，便快速下樓回到遊覽車上，我坐在班長後面，聽到她和其他同學聊昨晚的經歷。

「昨晚妳有碰到怪事嗎？聽說妳有去找水壺？後面有發生什麼怪事。」其中一個同學問道。

「對啊！我去的時候班長在收包包，我就不打擾先拿走了。」我接過話來，朝班長笑著說。

然而，班長的反應卻出乎意料。她先是愣了一下，然後驚恐地看著我：「妳什麼時候來的？水壺不是一直在我包裡嗎？昨晚我根本沒有收包包啊，我都在睡覺！」

她的聲音顫抖，眼淚開始不自覺地流下來。她房間裡的同學也驚訝地說：「是啊，昨晚班長一直收東西，我們都看著她收覺得是夢遊就沒叫醒。」

聽到這些話，我全身僵硬，手中的水壺似乎變得沉重無比。我明明記得昨晚的經過，但現在卻像是陷入了一個無法解釋的惡夢。

班長嚇得哭得更大聲，導遊和老師連忙過來安慰，才知道她並非夢遊，而是可能被什麼東西「附身」了。

導遊小聲的告訴我，十二樓的那台電梯早已報修，根本不可能有人使用，更不可能有員工在那裡出現，我意會了他的意思，也就是我看到畫面中的絕對不是真人。

「這不是偶然的。」導遊低聲對我說，「這個樓層有些問題。但因為學校的預算有限，加上是旅遊旺季，只能訂到這樣的房間。妳千萬不要聲張，昨晚其他同學的房間也發生了怪事。」

後來回到學校後，我們聽說有不少家長對這次畢業旅行的安排提出了抗議。而那家旅行社，幾年後也因為種種原因倒閉了。這段可怕經歷，是與高中同學一起集體遇上的，也成為了畢生最難忘，也最詭異的畢業旅行。

6. 邪靈奪舍：坐在墓地石棺上的女人

高二那年清明節前一周，小舅開車載著我和阿嬤去親戚家。我們從藝術街的家出發，一路順著台中市西屯路往下開。天氣陰暗，雲層壓得低沉而沉悶，空氣中彷彿夾雜著一種看不見的壓力，讓人有些窒息。

當我們開到東大路交接口時，紅燈亮起，小舅緩緩停車。左方是一片荒涼的地段，宜寧中學的預定地早已荒廢，雜草叢生。路兩旁是一片遼闊的墓地，墳墓排列雜亂無章，像是被時間遺忘的靈魂們悄然隱藏在這些公墓中。清明節將至，不少人已提前掃墓，整條路彌漫著灰蒙蒙的霧氣，彷彿一層薄紗，隱隱約約透著無形的陰影。

就在這時，我的眼角瞥見了一個詭異的身影。那是一個穿著白色長裙、長髮及腰的女人，她背對著我，坐在一座墓碑上。她的姿勢僵硬，像一個被時間定格的畫面。

我心裡猛然一沉，指著那個女人，輕聲對小舅說：「舅舅，怎麼會有人這麼不禮貌地坐在人家的墓碑上？」小舅瞄了一眼，表情微微變色，但隨即回頭說：「哪裡有什麼女人？手別亂指。」他的聲音顯得有些壓抑。我迅速回頭看，卻發現那個女人消失了，彷彿從未存在過一樣。

瞬間，一股寒意從背脊直竄而上，我感到一陣異常的冰冷，全身不由自主地打起寒顫。一路上，我陷入了異樣的沉默。車外的景物飛速掠過，但我始終無法擺脫那股毛骨悚然的感覺，彷彿有什麼東西在暗處注視著我。

國三那年，我與媽媽、哥哥搬到新家。因為總是認床，所以從原本住的房子搬來了我從小就習慣的實木上下舖雙人床，這張床對我來說象徵著安全感。早年我總是睡在下舖，哥哥睡在上舖，木質的溫暖讓我感到踏實。

然而，自從那天我從墓地回家後，每個夜晚，我的世界變得異常恐怖。每當我閉上眼睛，總能隱約感覺到頭頂有一張綠色的臉，詭異地浮現在我的上方。他的五官模糊不清，像是一片濃霧中的影子，但那種冷冷的凝視讓我渾身顫慄。

早上醒來，我的腳和手竟然都有深深的印痕，那些印記像是被硬物壓過的痕跡，甚至還清楚地印出了上舖木板的橫杆，就像我的身體曾經在夜裡漂浮起來，無意中擠壓了那根橫杆。最恐怖的是，有時候我醒來時，嘴裡竟然會含著一撮長髮，那些髮絲又濕又滑，宛如剛從某個詭異的角落爬進我的嘴裡。

這一切讓我徹底變了個人。個性活潑的我在課堂上變得異常冷漠，經常在課桌上不自覺地熟睡。我的眼神變得凶狠，像是被某種黑暗的東西吞噬了靈魂。幾位老師都察覺到了我的異樣，尤其是國文老師，她總覺得我「不對勁」。

某天，她把我叫到辦公室，表情嚴肅而擔憂。她看著我的臉，輕聲說：「妳印堂發黑，最近是不是遇到什麼不乾淨的東西？」隨即，她從抽屜裡拿出一個護身符，遞給我。我本能地感到一股排斥，對她露出了不尋常的邪笑——那不是我的笑容，而是某種來自深處的，陰冷而惡毒的嘲諷。國文老師被嚇得臉色發白，連忙打電話通知我媽媽。

事情似乎越發不可控了。那個星期，我在校車上同坐的美術班女同學，忽然在我耳邊小聲說：「妳知不知道……每天都有個奇怪的女人跟在妳身後……」她的聲音中帶著一絲恐懼。我心頭一震，其實我早就感覺到了那股陰影的存在，只是一直強迫自己不去理會。我轉頭看向她，輕輕比了個「噓」的手勢，示意她不要再提這件事。然而，接下來的一周，那位女同學莫名其妙發高燒到四十一度，住院休息。而國文老師也出現了奇怪的情況，她突然請了兩周病假，課堂由代課老師接手。

一切彷彿在惡化。我終於鼓起勇氣跟家人談起這件事，小舅一聽，臉色立刻變得蒼白。他回憶起我手指墓園那天的情景，與家人商討後，決定帶我下嘉義，去拜訪一位有濟公師父降駕的廟。

到廟裡的時候，濟公師父一看到我，臉色也沉了下來。他坐在針椅上，卻毫無痛苦之色，彷彿那種刺痛對他毫無影響。還沒等我開口，他便準確地說出了整個事件的經過，彷彿他早已知道我身上纏繞著的惡靈。師父告訴我們，我遭遇的是一個極為陰邪的惡靈，祂不會輕易放過我，需要時間與祂談條件。說完，師父畫了兩張符，交代我們回家後一張貼在房門上，另一張燒化後用來洗澡淨身。

回家後的那晚，恐怖的一幕發生了。媽媽讓表姊幫忙貼符，當符紙剛貼上房門，我彷彿變了個人，臉上露出詭異的笑容，邪惡地說：「妳們覺得貼這個有用嗎？」我的聲音低沉冰冷，不像是從我口中發出的。表姊嚇得臉色煞白，差點從椅子上摔下來。我隨後走進房間，用力關上門，留下她們呆立在原地。這件事，至今我毫無記憶，只是聽她們後來告訴我。

兩周後，我們再次前往嘉義，這次師父提醒我們帶上我平時穿的衣物。做法時，師父將我的衣物穿在紙做的假人身上，並在空地上擺放了祭祀用品。法事結束後，師父嚴肅地叮囑我：「回家路上，無論如何都不能回頭，否則做法便無效。」

原來，第一次的溝通失敗了，這個惡靈想要奪走我的命，甚至打算取代我。剛好那段時間我磁場弱，犯了「五鬼纏身」的厄運，祂纏上我後，試圖奪舍。

做完法事後，我終於擺脫了那股邪惡的力量。那晚，我睡了幾個月以來前所未有的安穩好覺，就像自己的靈魂重新回到了自己的身體，後來我便減少了看到不乾淨的東西的次數，而且我也在這個事件中學到，如果不小心看到什麼，或是覺得那個東西不是跟平常人一般的好兄弟姊妹們，那就閉嘴當作沒看見，避免再次撞邪。

7. 吹狗螺：來自另一個世界的警告

你聽過「吹狗螺」嗎？

傳說中，當狗狗感到焦慮、孤單，或者在向主人尋求關注時，牠們有時會仰頭長嚎，像狼一樣。但是，更恐怖的解釋是：當狗狗看到某種不屬於這個世界的存在，尤其是那些「不乾淨」的東西時，牠們便會吹起那股低沉詭異的長嚎，這就是所謂的「吹狗螺」。

我高三那年，樓下鄰居養的一隻老狗Lucky，那時候將近一星期，時不時就會聽到牠在半夜開始「吹狗螺」，那聲音像是一種淒厲的警告，直刺耳膜。Lucky是一隻黑色的土狗，那時候跟我一樣已經十八歲了，走路時搖搖晃晃，但打從我對牠有印象，牠從未這樣長嚎過。

牠的家就住在我家後方的南街，那條街上有一棟新翻修的出租大樓，這棟樓很快就租滿了。就在某一天Lucky開始不斷「吹狗螺」，這情況持續了一星期。

每到深夜，街坊鄰居都會被Lucky的長嚎吵醒，某些住戶紛紛打開窗戶，從樓上對著院子裡的Lucky大喊叫牠閉嘴，但牠似乎聽不見。而且牠的主人也管不了，牠的嚎叫聲一次比一次絕望，像是在傳達某種恐怖的訊息，令附近的鄰居都渾身發冷，但也不知道原由。

某天傍晚，我剛好要去幫媽媽買東西，需要走路到南街。那是習慣，因為我們這裡算是觀光景點，上坡單行道，下坡也是單行道，單向讓車子好進出，所以我們連走路也會有上坡下坡的直覺式選擇，我下樓去買東西經常就是走下坡的單行道，就當我經過Lucky家準備到南街單行道時，牠再一次「吹狗螺」，那個聲音很低沉，彷彿從牠喉嚨深處擠出來。

我停下腳步，看向牠，Lucky全身僵硬，一邊「吹狗螺」，一邊向我快速跑過來，在我身邊對我叫了兩聲，示意我不要經過，此時我目光死死盯著不遠處的那棟大樓，牠那雙渾濁的眼睛裡透出一種說不出的恐懼。就在那一瞬間，我感覺到一股陰冷的氣息從前方來襲。

我猛然回頭，眼前的景象讓我僵住，從那棟出租大樓的地下室出口，緩緩浮出一團黑色的影子，宛如一個人形，但那不是人……那個影子被包裹在一團黑色的火焰中，沒有光，只有一股深沉的黑暗。那個「人」站在樓梯口，一動不動，彷彿在等待什麼的朝我的方向走過來。

耳邊傳來Lucky更加激昂的「吹狗螺」聲，牠瘋狂地對著那個影子吠叫著，甚至來回跑，似乎在告訴我不要靠近那邊。但我像是被某種力量牽制住，雙腿發軟，無法移動半步。那黑影慢慢地轉過身，雖然看不到臉，但我感覺到有一雙冰冷無情的眼睛正注視著我，像是要將我的靈魂吸入無底深淵。我心臟狂跳，冷汗順著脊背流下。

突然間，Lucky發出一聲前所未有的慘叫，牠轉身跑開，往我家方向上坡單行道跑走。我終於反應過來，跟牠一起迅速轉身逃回我家，整個過程如同一場惡夢般清晰又模糊。我可以確定的是Lucky絕對是「救了我」。

我買完東西後，將我所見的黑影與Lucky幫助我的事情告訴了媽媽跟哥哥，但他們並不當回事。媽媽輕描淡寫地說：「別自己嚇自己，妳這兩天去廟裡拜拜就好。」但我知道，那絕不是幻覺。我感覺到，那黑影還在那裡，等待著某個時機，再次現身。

幾天後，我放學回到家，那裡圍滿了警車和民眾，外面也圍起封鎖線，傳來了令人震撼的消息，就是那棟出租大樓的地下室竟然發現了一具燒焦的屍體。警方查明，原來是一個外勞在地下室自焚，死前痛苦不堪，整個人被火焰吞噬，身體已經燒成焦黑。警方推測，屍體至少已經在那裡停留了好幾天，直到大樓的住戶發現地下室異味太重才報警。

而那具屍體的大樓，正好是我那天看到黑影走來的地方……。

得知這個消息後，我終於明白，Lucky那一個星期以來的「吹狗螺」是為什麼了。牠早就看到了那位的存在，牠比任何人都早發現了那個不屬於這個世界的影子，而牠是用牠的方式在警告住在附近的鄰居不要靠近那邊，卻沒有人能夠真正理解，還遭到不知情的居民亂罵亂喊。

自從那件事後，Lucky的「吹狗螺」再也沒有響起過。後來牠活到二十三歲，算是很長壽的狗狗。或許，牠死後帶走了那段恐怖的記憶，也或許，牠完成了牠的使命，忠誠地守護著這個街區，直到最後一刻。可憐的Lucky……牠是最早的見證者，也是一個另類的受害者。

有些東西一直在某個地方，等待著合適的時機，悄無聲息地出現……下次再聽到狗狗「吹狗螺」時，或許是狗狗在幫助你逃離什麼危險，狗狗是人類最忠實的朋友，要愛護狗狗，記得若是你聽見狗狗的異樣叫聲，或看見特別的動作時，切記請機警的快點避難。

8. 路邊不規則的兩亡靈：絕望交替

這個故事發生在我大學畢業的那一年，二〇〇九年四月初，差點被抓交替的真實親身經驗。

大四下學期的某天下午，我剛好沒課，想說提早返回台中的家，就請認識的男同學騎車載我從校區去市區坐客運回台中。當時陽光明媚，天氣舒爽，一切看似風平浪靜。

然而，當我們剛出校門口，騎上道路時，事情突然急轉直下。

對面迎面而來的女騎士突然一個奇怪的打滑，載著我的男同學也猛然煞車，雙方都急速停下。我當時毫無防備，從機車後座被甩飛出去，安全帽也脫落，感覺整個世界在空中翻轉。

隨後，我左側臉著地，雙手前趴，頭、肩膀、手臂到腳都刮傷，鮮血從我身上滴下。我暈眩中感到痛苦，視線逐漸模糊，但就在這一瞬間，我隱約看到馬路旁出現了「兩個不規則的形體」，祂們是半透明的，似乎是某種無法解釋的東西在注視著我們三人。

這些形體彷彿在黑暗中扭曲漂浮，祂們無聲無息地徘徊在我跌倒的地方。救護車迅速趕來，把我們送到最近的長庚醫院急救。

急救完之後因為我是一個病例特殊的人，有許多藥物無法使用，因此被送回台中澄清醫院救治，住院的某天夜裡，我在半夢半醒間，突然聽到房間角落有一陣輕微的腳步聲。我睜開眼，房間的陰暗處出現了一個模糊的身影。

那身影不清晰，但輪廓像極了我在車禍時看到的不規則形體。祂慢慢向我靠近，低語著我聽不懂的話，我從床上驚醒，滿身冷汗。每次我閉上眼，總會看到那兩個不規則的形體在我腦海中浮現，彷彿祂們從未離開。那個夜晚之後，我無數次想著，自己是否真的逃過了那次「抓交替」。

然而，事情並不僅僅是這樣結束。事後調解時，肇事的女騎士也提到了類似的恐怖經歷。她說，當時她的視線突然模糊，看到兩個不規則的形體擋在路上，感覺自己壓到了什麼軟硬不清的東西，驚慌之下煞車打滑，導致了事故的發生。我們三人都陷入了深深的恐懼，因為這並不是單純的車禍，而是像極了某種難以解釋的超自然現象。

隨著事情的發展，我們了解到這條道路背後其實隱藏著一段可怕的歷史。一年前，這條連接兩所學校的路上，一輛非我校的公務車撞死了兩名女學生。自那以後，這一帶的學生們接連發生了數起神祕的交通事故，很多人都開始懷疑，這靈異現象是死去的靈魂在此尋找替代者，「抓交替」的傳說就這樣悄然流傳，而且兩校的學生常常在這條路上遇到車禍，還真的有被抓交替走的同學。

在一次和學弟妹的聚會上，我們聊起了這起事故後，這條路上仍在發生的事情。有同學提到，學校這條路的氣氛一直都異常陰鬱，許多人在晚上出門走路、騎車、開車都會感到一陣寒意，彷彿被什麼東西注視。事故發生的路段，半夜常常有同學看到路人一直在路邊找東西，走近一看才發現那人竟然沒有頭，像是在尋找自己遺失的頭顱，或其他殘缺的肢體。聽起來超可怕，想到那種畫面令人不寒而慄。

車禍後，正值我畢業的時期，雖然我沒被抓交替成功，但短時間也無法痊癒，連畢業典禮的領獎我都是帶傷出席的，心理的陰影如同陰雲般揮之不去。媽媽也在我好了之後帶我找了師父，沒想到因此又牽扯出一個命中注定的大劫。師父告誡我一定要格外小心，並預言我在三十歲前的「逢九」之年會遭遇嚴重的車關，當時的我還沒在信，結果被說中。（請見〈嬰靈作祟：被因果業力耽誤的唱作歌手〉。）

肇事的女騎士調解時看起來非常憔悴，眼神中透著極大的憂慮。她想賠償，她告訴我，她從撞到我開始一直做惡夢，夢中她被困在車禍現場，無論怎麼逃，都會看到那兩個不規則的形體向她逼近。

「妳怎麼不去死。」她的夢境中，不規則的形體向她大喊了這句話，讓她嚇到不行，家人只好帶她去收驚以及找相關的法師驅邪。聽到她這段話也讓我心中非常不安，難道我們真的沒有擺脫那些東西？但我知道她並非情願跟我們發生事故，雙方最後也透過保險理賠，和平地了結了這起車禍事件。

自那畢業後，我也沒回過校區，更不要說是經過那條路了。事過境遷，你還能在網路上查到這個路段後面發生的真實案件新聞。

那些不規則的形體還在那個地方等待著下一個倒霉的路人。

9. 嬰靈作祟：被因果業力擔誤的唱作歌手

這是一段真實的恐怖故事，發生在我與三任前男友之間，猶如夢魘糾纏不清。

當我回想起那些往事，心中不禁感到一陣寒意。那個陰暗而又詭譎的世界，彷彿隨時會將我吞噬，而我卻無法逃避。

第一起嬰靈事件

大二的時候，我與身高一百八十三公分的學長交往。那段青春歲月中，我們常和學長姊、其他情侶們一起開車出遊，快樂地享受著大學生活。然而，這段快樂的時光卻在一次又一次的奇異事件中變得不再平靜。

有一天，我們一行四個人一起開車去蘭潭，當我們下車時，耳邊卻傳來一陣幼童的笑聲，那聲音清脆響亮，但卻又帶著一種不尋常的陰森。那一瞬間，我的心跳加速，背後的汗毛悄然豎起。回想起來，那笑聲似乎從幽暗的角落裡傳來，如同一種召喚，暗示著某種不祥的預兆。

隨著時間的推移，我們在一起的日子裡，聽見那幼童的嘻笑聲越來越多次，時而還有嬰兒的啼哭，甚至是輕輕的腳步聲。這些聲音如同一條無形的絲線，將我的心緊緊纏繞。某晚，學姊和我在宿舍裡聊天，我終於受不了那些現象，便鼓起勇氣將這些怪事告訴她。她的臉色瞬間變得蒼白，彷彿觸碰到了什麼禁忌，事後她隨即找兩位學長聊了起來。

令人毛骨悚然的是，學長們竟然告訴我們，他們在十九歲前，交往的女友中都有過流產的經歷。所以聽到的不知道是誰的，但兩個也許都有，這個消息如同一根冰冷的手指，深深刺入我們四人的心底。

感覺事態的嚴重性，兩位學長一同到廟裡進行超度嬰靈的法事。廟宇的氣氛古老而神祕，四周彌漫著一種難以名狀的氣息。法事當天，廟方的大師在施法的過程中，忽然回過頭來，詢問我為何不在場。他向學長們詢問：「聽到嬰靈聲音的本人怎麼沒有來？」但是因為我住的有點遠，也沒想太多，所以接到消息後並未前往廟宇，心想這件事與我無關。但沒想到我已經在無意間，干預了別人的因果。

他們做完法事的某一天，我在校園的活動中，被一股無形的力量推下高臺，摔得四肢無法動彈。右腳扭傷得嚴重，疼痛如刀割般，痛不欲生。一個多月才好，那時候都是拿著枴杖去上課的，但世上沒有後悔藥。得知我情況的小舅立即載我回台中，帶我去見一位專門處理靈異事件的法師。

無緣的姊姊成了嬰靈討拍

當我抵達法師那裡時，我以為這一切都是前男友嬰靈的問題，然而法師卻告訴我，我的母親也曾經流過小孩，但我沒聽媽媽講過任何有關這樣的事情，連小舅也不知道，所以後來就請媽媽到法師那處理這件事情，又來了一個案外案。

媽媽告訴我，那是她在生下哥哥之後，因為營養不良而流掉的孩子，並非是惡意流產，她也很傷心的，原來我有一個「姊姊」。這樣的告白如同一記重錘，狠狠地擊打在我的心上。法師告訴我，無緣的「姊姊」因為無法承受這份嫉妒，而將我視為敵人，一直在干擾我的生活。因為她沒被生下來，沒有投胎成功，她那無形的怨恨，如同陰霾一般圍繞著我和媽媽，也導致我半夜都睡不好，常常一直夢到一個女孩。

惡夢從小到大斷斷續續，夢中那個小女孩時常出現在我的眼前，她的臉龐扭曲著，總露出無辜而又陰沉的笑容，但我從不知道她是誰，直到前男友事件，解開了這個疑惑。後來媽媽與我一同在法師那邊做完了法，燒了很多東西給無緣的「姊姊」，希望她早日投胎，處理完之後，我就不常夢到她了。

最嚴重的嬰靈事件

我與第二任前男友相識時，他是一位樂手老師。我們的相處同樣好幾次也是聽到了小朋友的聲音。當我告訴他先前大學前男友的遭遇時，他愕然地承認，某任女友也有流產的經歷。

於是我還介紹了我跟媽媽做嬰靈法會的那個法師，讓他帶著流過小孩的前女友去處理好這個事件，因為那個女孩年紀很小，是惡性流產的，但關我什麼事呢？我想可能是「因為愛」，又或者我就「太佛心」了呢？當然後面也順利的處理好了，但漸漸地我與第二任男友的關係也變得脆弱。

命運的捉弄再次降臨。那一年，我接連發生了多起車禍，命運真的是在對我開玩笑呀。

第一起的車禍是我要去市區教課，在某個很熟悉的路口，竟然遭遇紅綠燈故障，造成我與一位阿姨的相撞。那一瞬間，時間彷彿靜止，四周的一切都化為黑暗，只有那股猛烈的撞擊聲在耳邊迴響。我的門牙撞斷，上排牙都一顆一顆因撞擊力道太大慢慢的壞死，現在我上排只剩下二、三顆最後面的牙，其他都是假牙，光做假牙就花了很多錢。

第二起意外是發生在某天我去Pub駐唱，經過台中青海路某個地下停車場的出口，我被一輛肇逃的車撞飛，隨後的調查卻發現，那個逃逸的駕駛竟然當時正關在監獄服刑。這次的車禍我也非常嚴重，機車車頭完全撞爛，一切宛如一場荒謬的戲劇，讓我感到無比的絕望，沒有人願意賠償，警察聲稱這是一個盜車案，撞我的並非車主，無法追查，語意就是不想處理這個案子，不了了之，最後幸好還有自己的保險理賠。

第三起的事故是夜店駐唱回家的路上，被酒駕的人從後方撞飛，我騰空飛起掉到車子的擋風玻璃上，又摔回地面後腦著地又撞擊地面一次，造成腦震盪內出血，血壓高達二一八，被送到醫院後人差點上天堂，後來留下來很多後遺症，腦部語言區塊受阻、多處嚴重挫傷、骨折。

當時我還因為無法使用一些藥物，拖延治療進度，到現在腦袋還會卡卡，我做了「身體復健」、「心理治療」、「創傷後應激障礙復原」、「語言治療修復」等等，胖了二十幾公斤不斷瘦身又因吃藥物而反復變胖，仍慶幸的是臉部完美無損沒有傷到。但好一段時間沒辦法上台唱歌，接觸人群，在最痛苦時候還跟男友分手了。人生的打擊一件一件，開始患上憂鬱症。

有一次還被一個聲音引導去跳樓，但我意志堅定，沒有被引去做傻事，從那時開始，我正視了自己的靈覺，也打算振作，好像有一個聲音一直鼓勵我不要被這些小事給打敗了。

當時的選秀節目風頭正勁，看到好多很會唱歌的歌手都出道，我因為傷重，一個都無法參加，錯過了自己最佳黃金時期，傷還沒好但選秀末期時有去參賽，發胖的外型不佳，一直被嫌棄，被一些業界的老師勸說不要急，幸好他們惜才，知道我創作與唱歌這方面的才能。

復健時期，我一步步修復傷痛，因緣際會的被簽入Sony版權與唱片公司，到現在在酷亞音樂做起了幕後詞曲老師，為一些知名國際藝人、歌手、團體作詞作曲，雖然延誤了歌手出道的計劃，但我還是靠著自己最愛的音樂在業界深根，等待時機，靜待發跡。

第三起嬰靈事件

就在復健時期又遇到第三任前男友，這次的交往竟如同一場惡夢的延續。

那位樂手老師知道我前面所有的故事，但對嬰靈的事情似乎是半信半疑的，一開始他並未告知我某任女友曾拿過小孩的事情，聽我講述過往，他就自己請家人找法師處理這個事情。他的事是處理好了沒錯，但恐怖的事情又再度上演。

某個清晨，我出門準備要去都會公園慢跑，忽然一股無形的力量將我推向車道。就在這一瞬間，一輛飛奔而來的摩托車撞上了我。那瞬間的痛苦如同利刃割裂了我的靈魂，腦袋一陣昏眩，我的身體重重地摔在地上，周圍的景物都在快速模糊。

那位急著上班的女騎士驚恐地停下，然而一切已經無法挽回，我的腳「翻船」整個九十度角翻過去，我坐在地上無法動彈，這次養傷長達半年都沒辦法走路。雖然這任男友那時候有照顧我一陣子，但這個戀情又是悲劇分手收場。你看！就是不能干預。

創傷後的心境

隨著這些悲劇一件件的發生，我的身心不斷受創，可說是病痛纏身。「嬰靈」二字顯然成為我生活中不可或缺的陰影。

為什麼我一直遇到這樣的事情呢？這些年來，我也遇到過許多算命老師和通靈者，他們說我帶天命，有那種體質要吃苦，而且是「大器晚成的命格」（到底要多晚？），還因為「帶天命」所以會受盡苦難、六親緣淺，我確實在這些方面有深刻的體會。

排隊中的「冤親債主」向我討命，要我還他們陰債，藉著這些壞事在警告我，提醒我還有功課要修、還有路要走。遇見的諸多老師、法師、通靈者，時常告訴我不要再干預他人的因果業力。但有一些事情你就是吃了虧，受到傷害之後，才知道有多可怕，我人生上半場可說是「命運多舛」呀。

事過境遷，現在的我已經學會「明哲保身」、「沉默是金」的道理，遇靈異時不再做出反應，也決定不再好心去干涉他人。我相信現在開始，都大吉大利了，基本上壞運全都先用光，剩下的都是好運氣了。我仍確信我是那種「大難不死，必有後福」之人。

10. 白場國樂團湊人數：遇見逝者本人

我是一位經驗豐富的歌手，在我的演出生涯經歷中，曾在各種場合演出，從熱鬧的Pub、校園、音樂會、國家演奏廳演出等，到浪漫的婚禮和隆重的政府商演。

然而，正是那次喪禮的經歷，讓我對這份工作產生了深深的畏懼，至今無法忘懷。

我天生具有靈異敏感的體質，尤其在磁場不佳的環境中，這種感應愈加的敏銳。當天凌晨四點，團長準時來接我去大雅參加一場盛大的喪禮。這戶人家相當有錢，家族地位顯赫，為過世的老人家舉辦了一場聲勢浩大的葬禮。

他們請來了十一人的「國樂團」，團長特地叫我來充場面，因為彈中阮的樂師臨時生病缺席。儘管我從來沒碰過「中阮」這項樂器，但團長知道我會彈吉他，他說只要我手擺好裝個樣子就好，其實在那種場合裡，不太會有人注意，應該可以起到以假亂真的效果。

在路上，我心裡其實有些不安。以前從來沒接過這種「白場」，總覺得氣氛異常沉重。我問團長需要注意什麼嗎？團長邊開車邊告訴我說，這種場合只要尊重，不要隨意走動或說話，就不會有事情，而且你的角色就是湊個人數而已，畢竟這是送亡者最後一程，我們就是保持敬畏，冷靜順順的走完當天的流程就可以了。

我們很早就到了告別式現場，天剛矇矇亮，天空中彷彿籠罩著一層灰霧。當我進到喪禮會場時，一股說不出的寒意撲面而來，空氣中瀰漫著某種看不見的力量。隨著國樂團開始準備，我換上了國樂團統一的演出服，類似中國服，我沒有穿過，換好服裝之後坐到了團隊的中央，團長將樂器交到我的手中，我手上抱著中阮，儘管我不會彈，心想只要照著團長說的裝裝樣子，應該就能順順利利的度過這個喪禮。

然而，一開始的演奏進行之下，就讓我感覺身體極不對勁。我坐在位子上，感覺頭皮發麻，後背一陣涼意不停地向上竄，彷彿有什麼東西在身後盯著我。我開始頭暈目眩，眼前的世界似乎在慢慢旋轉，視線逐漸模糊。那種感覺就像整個空間變得不真實，彷彿隨時會掉入另一個世界。

演奏進行到一半，我實在忍不住了，感覺喉頭發緊，胃裡翻江倒海，想吐的感覺越來越強烈。我匆匆起身，告訴團長我需要去廁所一下。他點了點頭，沒有多說什麼，似乎也看出了我的異樣，儀式還在進行中，但我實在撐不下去了。

我趕緊跑進會場外的廁所，將水龍頭打開之後，手掌接冰冷的水拍在臉上時，才讓我稍微清醒一點，我看著鏡中的自己，告訴自己不可以在關鍵時刻倒下。

當我走出廁所，經過會場的走廊，突然瞥見一位老人家站在不遠處看著我。他穿著中式服裝，臉色蒼白，雙眼凹陷，卻帶著一絲怪異的微笑，那個笑容令人不寒而慄，我到現在還記得。我先是愣了一下，但沒想太多，以為他應該是這個家族的家屬，對他點了點頭打了個照面，就快速跑回會場。

然而，當我轉身回到座位時，心裡開始發毛。整個喪禮氣氛變得更加沉重，我感覺呼吸都開始困難。團長多次察覺到了我的異樣，低聲對我說：「你不舒服嗎？這種場合，可能是你第一次，沒事，坐下就好。」我點點頭，勉強坐下，努力穩住心神，讓自己專注在手中的中阮上，告訴自己一定要努力的撐到喪禮結束，這沒什麼的。

終於，儀式結束了。我如釋重負，趕緊起身準備去換衣服。然而，當我走進更衣室換衣服時，在一處牆上看到今日逝者的遺照，我當場整個人僵在原地。因為遺照上的人，竟然就是我剛剛去廁所時，在走廊上碰到、還以為是家屬的那位老人！他的臉色蒼白，笑容依舊，像是在嘲笑我的驚慌。我頓時感覺一股寒氣從背後直竄上來，全身僵硬，甚至都感覺我不在那了。

我強忍住內心的恐懼，不敢跟任何人提起這件事。我換好衣服後，快速的找到團長，想儘快離開這個會場，整個過程中，我的腦海裡不斷浮現那張蒼白的臉孔，那詭異的笑容彷彿深深地刻在我的腦海中，無論怎麼閉眼都揮之不去。

回程的車上，團長察覺到我的異樣，不斷問我還好嗎？我只能勉強擠出一個笑容，說：「我可能不太適合這樣的場合。」他點點頭，就沒有再多說什麼話，但我感覺他似乎心裡明白些什麼，還問我說下次如果有類似的場合缺人，我還願不願意來湊個數呢？我回答「如果有空的話」。

送我到家後，團長給我一個護身符，叫我在屋外的水龍頭洗洗臉再進家門，他叫我把今天穿的衣服換下來，記得一定要先清洗過全身，才可以做其他事情。我照著他的話做了，洗完澡後便立刻爬上床睡覺了。

回到家後，我整個人像被掏空了，虛弱到幾乎無法走路。這場喪禮雖然只有短短幾個小時，但我感覺自己彷彿經歷一整天的折磨。洗完澡那種秒睡感很重，就這麼昏昏沉沉地睡著了。媽媽中午數次來房間叫我起床吃飯，晚餐又進來叫我，但是我都沒有起來，那一覺我竟然睡到晚上，醒來時全身依然酸痛不已，又繼續睡到隔天早上，彷彿身體和靈魂都被徹底抽乾了，一整天都沒有吃東西。

媽媽知道這個事情後，非常反對我接這樣的場，對我一直念叨，但不僅是媽媽的反對，這樣的經歷也讓我深深感受到，我可能真的不適合這種「白場」。

媽媽叮嚀我要去大廟拜拜，我也想讓自己心情平靜下來。沒想到，進到那間大廟，廟公一看到我，就皺著眉頭問：「你是不是這兩天遇到什麼不乾淨的東西？」他的話讓我心頭一震，於是我將整件事和盤托出。他聽完後，直接告訴我，我應該是「沖煞」了，並且幫我做一些淨化的儀式，還送了我一個護身符保平安，他跟我說以我的磁場做這個是萬萬不可的，建議我不要再接這樣的活。

自從那天之後，我就再也不接這種場子。團長偶爾打電話問我要不要去幫忙，但每次我都找理由婉拒了。過了幾年我在一場婚禮的演出中，又遇到那位團長，結束的時候，我將那時發生的經過說給他知道，他才驚呼我的體質真的不適合做這種「白場」，心疼的安慰我一下，然後跟我說其實就老實講沒關係的，後來這位團長就只介紹給我婚慶的場合。這個經歷成為我心中揮之不去的陰影，也讓我明白，有些事不是能靠習慣去克服的。

我從此心懷敬畏，真正體會到「敬鬼神而遠之」的道理，決定還是好好的接喜慶的場合，一直到現在有別團不知情的團長還會問我要不要接白場，因為我們這行會覺得「白場」的賺錢很快，在疫情的時候尤其最多，但你只要被嚇一次，你就永遠不會再讓它有第二次，這就是我們俗話說的「一朝被蛇咬，十年怕草繩」，有些錢它再好賺，卻是你這輩子註定賺不到的。

11. 台中望高寮夜景區遇鬼事件

那晚，寒風漸起，氣溫逐漸下降，讓人感到一陣刺骨的寒意。我坐在前男友的車上，望著窗外的夜景，心裡充滿了不安。這幾天來，我的心情一直不太好，因為工作上的壓力加上即將到來的考試，讓我感到焦慮不已。此時，我的前男友卻滿懷熱情，提議半夜開車去望高寮看夜景，想藉此放鬆心情。

他是一個陽光開朗、不信邪的人，總是笑著說他從來不在乎那些靈異傳聞。而他並不知道，我擁有靈異體質，時常見到一些不該見的東西。儘管心裡有些猶豫，我還是想要支持他的想法，於是勉強答應了。

當我們的車子開到望高寮的陡坡時，我感覺到一陣無形的力量將車子拖慢，整個車身似乎變得異常沉重。我心中不由自主地想起了那些關於望高寮的靈異故事，這裡被認為是個靈異熱點，常常傳出學生夜遊的詭異事件。不少當地居民也曾提到這裡有不尋常的事情發生，讓我感到一陣不安。可是，我不想在他面前表現出恐懼，於是選擇沉默，默默祈禱這次的夜遊能平安結束。

車子停在了一處偏僻的廁所旁。男友突然說他需要上廁所，於是隨意將車停好就匆匆走進了廁所。我一個人留在車裡，感到無比孤獨。車窗外的寒風呼嘯而過，周圍的環境靜得讓人不安，只有偶爾能聽見風吹動樹葉的聲音。

廁所的燈光一閃一閃，像是燈管快壞了似的，這樣的景象更加增添了幾分陰森的氣氛。我心裡感到不安，於是拿出手機，打算錄下這詭異的閃爍，想等男友回來嚇嚇他。

就在我專注於錄影的時候，突然聽到一陣引擎聲，一輛機車緩緩經過我們的車旁。騎車的是一位年輕男生，後座坐著一個穿著白色連身長裙的女生。我心裡暗自疑惑，這麼冷的天氣，居然還有人穿裙子，難道她不怕冷嗎？當他們從我旁邊經過時，我明顯感覺到車子震了一下，甚至莫名其妙地熄火了。

我下意識地看向那位女生，卻只看到她的背影，斜坐在後座，頭髮散亂，看不到她的臉。那對男女將機車停在廁所不遠處，男生下車走進廁所，而那個女生竟然也跟了進去。我的心頭猛然一緊，覺得事情越來越不對勁。女生跟進男廁所？我的腦海裡充滿了疑惑，甚至還在心裡惡作劇地想著一些兒少不宜的畫面。

正當我開始胡思亂想時，男友突然敲了敲車窗，嚇得我一哆嗦。我解鎖讓他進車，然後把剛才錄下的閃爍燈光影片拿給他看，想嚇他一跳。「你看，廁所的燈在閃欸，不會覺得恐怖嗎？」我調侃著。男友卻只是淡淡一笑，並沒有想像中那麼害怕。

正當我們聊得正開心時，我們注意到那個男學生從廁所出來，但這次……他是獨自一人。我心裡的疑問瞬間膨脹：那個女生呢？她去哪了？我的心情越來越不安，男友也察覺到了異樣，皺起眉頭。

他忍不住問我：「你不是說那個男生載了一個女生嗎？她去哪了？」就在此時，機車慢慢地駛向我們，男學生竟然再次停在我們車旁，敲了敲車窗。

我搖下車窗，他帶著一臉迷茫的表情問我們：「你們知道往上騎的路會通到哪裡嗎？我一個人不知道路。」

一個人？我心中驟然一凜，那個白裙女子明明是和他一起進了廁所，難道我看錯了？我強忍著內心的恐懼，故作鎮靜地回應：「你有一起來的朋友嗎？剛剛看到你好像不是一個人啊。」

然而，他接下來的回答讓我全身發毛。他說：「沒有啊，我一個人騎車上來夜遊的，沒有人跟我一起。」

聽到這話，我瞬間閉嘴，男友也驚愕地看著我。我們兩人心照不宣互看了一眼，無聲地達成了共識——這地方不能再待下去了。男友急忙對他說：「你原路返回好了，這地方太偏僻了，不知道路不要騎比較好！」

當機車騎遠後，我突然感到耳邊傳來一陣輕柔卻刺骨的笑聲，像是有人在我耳邊輕輕地「呵呵」笑著，那笑聲深入骨髓，讓我寒毛直豎。我不敢再開口，心裡只想趕緊離開這個詭異的地方。

我們沒有再多言，默默地發動車子，迅速開離了望高寮。整個過程中，我們兩人都不敢回頭看，也不再提那個白裙女生。當晚雖然什麼事情也沒有發生，但我心裡清楚，我們的運氣真是好到了極點——幸好我沒有看到那位「女生」的正面，否則後果不堪設想。

幾天後，我終於鼓起勇氣，將那晚的經歷全部告訴了男友。從那以後，他才知道我有靈異體質，也終於理解為什麼我會對某些地方特別敏感。當天我們還專程去了「清水紫雲巖」拜拜求平安，想要驅走那些可能的陰魂。

回到家後，我的心情依然無法平靜，腦海中不斷重現那個夜晚的情景。尤其是那個穿白裙的女生，她的身影時常在我夢中浮現。她的背影如此熟悉，卻又如此陌生，讓我不禁想著她的故事。

幾天後，我在網上查到了許多關於望高寮的靈異故事，發現類似的事件不在少數。有些人甚至聲稱，曾在那裡見過長髮白衣女子的鬼影，讓我不由得想起那晚的恐懼。那個白裙女子或許只是無聲地跟隨著那位男生，或許她從來就不屬於這個世界。

回想起來，那晚的一切彷彿就像一場夢。但我知道，這不只是一次夜晚的恐怖經歷。那次的事件讓我深刻體會到，靈異的存在並非虛幻，而是某種形式的提醒，提醒我們要珍惜每一個當下，活在當下才是最重要的。希望未來再也沒有人，因為不相信而遭遇無法解釋的恐懼。

12 台中都會公園月老祠夜景鬼故事

常常有北部或南部的朋友來台中找我玩，他們大多數都會要求我帶他們去看「都會公園月老祠夜景」。這裡距離我家約九公里，開車五到十分鐘就能抵達，是個充滿了陰森氣息的地方。許多人只顧著欣賞那裡的美景，卻忽略了其背後的恐怖傳說。

都會公園的周圍不乏恐怖故事，「軍營」和「東海碉堡」都在這片區域，西屯區這段路也是著名的靈異地帶。整片地區都被公墓與墳墓包圍，夜晚的靜謐中，彷彿總有看不見的眼睛在盯著過路的人。

即使是路旁的土地，種著地瓜和花生，居民卻常形容這邊是「鳥不生蛋，荒蕪人煙」的地方。而與聚集人潮的「月老祠夜景」與「都會公園」，成了陰暗與美麗的對比，無數人為了美景而不知不覺地走入恐怖的深淵。

某天，我的一位有「陰陽眼」的朋友，帶著他老婆來台中找我玩。晚上已經快十二點了，他們竟然大膽的提出要去看夜景。或許是因為聽聞過去的靈異故事，夫妻倆知道那條路夜間特別昏暗，而都會公園過去又是一段沒有路標的小路，導航並不一定能帶領他們安全到達，非常需要我這個地主帶他們一遊。

但想到他的靈異體質，我馬上提醒他們這片公墓區可能藏有不少靈體，並告訴他們現在的時間不早了，去了又或許會遇上什麼不好的東西，他們一直不怕的說，就是想去，讓我心中感到一陣不安。

我語重心長地說：「你們要確定喔！到時可別說我沒提醒你們。」然而，這位朋友卻非常自信地揮揮手說：「不用緊張啦！認識這麼久，看到當下從來沒有講出來過，肯定沒事的！」於是，他們坐在前座，我則坐在後座，心中仍然不安。

開車前往夜景區的途中，我向他們示意停在超商前買了拿鐵請他們倆夫妻喝，想讓他們心情放鬆些，然後再次柔性勸導：「現在是最陰的時段，真的可以嗎？」朋友自信地回應：「沒問題，我們去看看。」我只能默默地嘆氣，想說就成全他們吧，來者是客，當然我能準備的護身符啊什麼法寶是有帶在身上的。

隨著車子行駛在小路上，我們逐漸看到沙鹿和龍井的美景，越來越多的遊客在兩旁停車觀賞夜景。路邊的燈光閃爍，卻無法驅散那籠罩在空氣中的陰霾。夫妻倆欣賞著眼前的景色，不斷誇讚著網路上所傳的神景，但我卻感到一種無形的壓力，彷彿整個夜空都在觀察著我們的行動。

隨著車輛的推進，我們開進了一條狹窄的下坡路，這段路似乎越走越不對勁。遊客們停在狹窄小路前的左右兩側，如果想要返回出口，必須再繼續開到一個可迴轉的地帶。如果選擇不原路返回，就得沿著下坡路一路開，開往沙鹿方向，多開約十分鐘才能回到台灣大道。

我轉過頭問他們夫妻，是否需要大迴轉，因為接下來往下開，就不可避免會開進公墓區的那片恐怖地帶。他們卻毫不畏懼地表示「沒問題」，覺得只要能開到家就行。導航告訴我們，這段下坡路是很單純的路，沒什麼好擔心的。但隨著車輛深入，四周的黑暗卻似乎更加濃厚。

就在這時，當我們的車開到公墓的中央區域，導航也開始亂跳，突然我右邊窗戶傳來一聲清脆的「啪」非常大聲，就是有人用力拍打了一下窗戶。我心頭一震，立刻轉過頭去，卻什麼都沒有看到，這個地方這個時間是不可能會有人出現的，只有笨笨傻傻如我朋友這樣的人才會來。那一瞬間，車內的氣氛瞬間變得緊繃，我看我朋友臉色蒼白，驚恐地看著我。

「這邊，我真的不行！」我朋友慌張地說，聲音顫抖著，明顯已經受到驚嚇。車子停在路中央，發動的聲音在夜晚顯得格外刺耳。我大聲的喊他，急忙叫他趕緊開走，心中警戒的神經線越發強烈，我也拿出來包包中的護身符握在手中。

當我們拐回台灣大道時，我整個人仍在緊繃的狀態下。在一個二十四小時營業的店門口停下後，我們三個人一起下車，驚訝地發現擋風玻璃上和車窗上布滿了手印！那些手印不僅清晰可見，還似乎帶著一股陰冷的氣息，彷彿在無聲地訴說著剛剛發生的事情。

離開後，我朋友驚魂未定，語無倫次地說：「我們在公墓中央時，真的被一群包圍了！祂們全部都貼在我的車上面拍打著玻璃，早知道就該聽你的！」但這一切已經無法挽回，就跟你說「千金難買早知道」。

那一夜，在心中留下的是難以言喻的恐懼。回家的路上，我腦海中不斷回放著那一瞬間的情景，彷彿還能聽見那聲清脆的拍擊聲，像是某種不祥的預兆，雖然我沒看到被包圍的畫面啦。

此後，我們每次見面都會相視一笑，相信他們也不會再輕易開車前往那片夜景地，因為心中早已留下難以抹去的陰影。而那片布滿公墓的區域，依然在黑夜中靜靜佇立，不知又有多少靈魂在暗中游蕩，期待著下一個不知情的訪客。

或許這篇故事被大家知道以後，那片美麗與恐怖交織的地方，便不再有歡聲笑語，只有悄然無聲的驚恐與害怕的驚嘆！

13. 哥哥的靈異經歷：沉默的守護者

哥哥從小就是個沉默寡言的人，他不像其他小孩那樣愛說話，但總在危險逼近時，默默拉著我離開。我們並不知道他擁有什麼特殊的能力，但隨著年齡增長，他的這份「沉默」越發引起我的注意。

住在東海租屋的靈異經歷

那年，我們一家住在台中東海附近的一棟老舊房子裡。當時我還小，記得那個房子給予人老氣橫秋的感覺，角落總是昏暗，走廊彷彿從來不見陽光。這是我和哥哥經歷的第一件靈異事件，也是我第一次親眼見到「她」。

事情發生在某下午放學，家裡的阿公、阿嬤去嘉義探親，媽媽和舅舅則忙於工作不在家。放學後，我和哥哥坐校車回家。平時我們的鑰匙會放在鄰居阿嬤家，今天也不例外。回到家門口時，鄰居阿嬤照例將鑰匙交給了我們，但她的臉色有些奇怪。

當我們準備打開門時，她忽然停住，微皺著眉說：「今天你家裡好像有點怪怪的，你們要不要先到我家等大人回來？」她的語氣中透露著一絲擔憂，我雖然年幼，心裡也感覺到氣氛有些不對，但並沒有多想。

然而，我哥哥似乎也察覺到了什麼。他站在門口，一手握著鑰匙，目光不自覺地盯著門縫裡透出的陰暗，眉頭緊鎖。那時候的他並不常表露情緒，但我能看出他對這房子的某種抗拒。或許他早已經察覺到異樣，只是當時他什麼都沒說。

我個性向來活潑，不像哥哥那麼敏感，小小的年紀還不明白那股寒意從哪裡來。當我看到鄰居阿嬤的神色時，只是笑著搖搖頭，不以為意。於是，我還是堅持要進家門，畢竟口渴了，我只想衝進廚房拿一瓶冰涼的養樂多解渴。

打開門後，我幾乎是飛快地衝進家裡，熟練地直奔一樓最裡頭的廚房。哥哥站在門口猶豫了一會兒，似乎還在考慮是否要聽從鄰居阿嬤的建議，但我根本沒有多想，只是想趕快拿到飲料。正當我打開冰箱，拿出養樂多準備插下吸管的時候，一陣冷風從我背後掃過來。我愣了一下，感覺身後似乎有什麼東西，但還來不及回頭，我哥哥就突然衝了進來。「快走！」他的聲音低沉而急促，帶著一絲無法掩蓋的恐懼。他迅速抓住我的手，硬是把我從廚房裡拉了出來。

那時候，我還沒完全反應過來，就被哥哥突如其來的動作嚇了一跳。但就在我被拉走的瞬間，我的眼角餘光瞥見了樓梯口的某個東西是一隻手，從樓梯轉角處伸出來。那隻手蒼白得可怕，指甲細長、青紫，彷彿染上了一層死氣。它緩慢朝著我伸過來，像是想要抓住我的手臂。我腦子瞬間空白，整個人都僵住了，唯一能做的就是被哥哥死命地拖著我往外跑。

哥哥沒有停下，拉著我迅速跑出了門口，一口氣衝到了鄰居阿嬤家裡。鄰居阿嬤一見到我們倆慌張的樣子，也沒多問，立即把門關上，安撫我們坐下。我當時沒完全理解剛剛發生了什麼，心裡有些發懵，只記得哥哥那股焦急的力氣，以及那隻從樓梯口伸出的可怕手掌。

過後，我並沒有和哥哥多談起這件事。但多年後，當我和哥哥在閒聊中偶然提起那一天的事情時，哥哥的描述讓我全身的寒毛瞬間豎起。他告訴我，那天在門口的時候，他其實早就感覺到屋子裡有異樣的存在。

當我衝進屋內時，他隱隱聽見二樓傳來輕微的腳步聲和低沉的喘息聲，像是有什麼東西正在樓上徘徊，等待我們踏進。

他還說，那天當他衝進廚房救我時，其實比我更清楚地看到了樓梯口的那個「她」一個穿著紅色古裝的女人，長髮披散，臉色青紫。她的指甲又長又尖，整個身體在樓梯轉角處半隱半現，正伸出她的手，彷彿想要把我抓住，拉進那無盡的黑暗中。

哥哥當時完全被那詭異的場景震懾住，冷汗直流，但他知道必須趕緊把我帶出來，於是他毫不猶豫地衝進去，拼盡全力把我拉離那危險的房子。

聽著哥哥的描述，我的心跳加快，全身冒出冷汗。原來當年我所看到的並不是幻覺，而是一個真實的存在，那個住在我們家樓梯口的「她」。

回想起那個紅衣女人的模樣，我才驚覺，我與哥哥當時是多麼幸運，能夠逃離那場詭異的遭遇。而直到那一刻，我才真正意識到，哥哥一直默默地守護著我，無論是有形的危險，還是那些我們無法解釋的靈異現象。

書局老闆娘的墜樓聲

我家後方有個空地一直是我與哥哥運動且練習打羽球的好地方。某日我跟哥哥也是在晚餐後相伴到空地打球，突然，一聲「啪」巨響在我背後炸裂，打破了沉寂。我聽到很大的一聲在耳邊轟鳴。

「什麼聲音好大聲喔？」我問，但哥哥則站在原地，表情冷淡，彷彿什麼都沒發生。

「我累了不想打球了，走！我們回家吧。」他輕描淡寫地說道，語氣毫無波動。

多年後他才告訴我，當時墜樓的老闆娘身體扭曲得令人害怕，身體的各個部位彷彿被折成了九十度角，脖子歪成一個不可能的角度，眼神陰森，歪著頭看向他，盯著他看。那一刻，他只想把我拉走，遠離這片詭異的場所。

然而，其實那並非書局老闆娘跳樓的當天，我哥看到的是已經不知道跳了幾次樓的殘影。那次之後，我們就很少去空地打羽毛球，改在家門前的路上，趁沒有來車的時候偶爾打一下。因為當地的人知道跳樓的事，所以家門前這條路上的鄰居也沒有強制我們回到空地去打球。

玄天上帝的現身

有一晚，家裡靜得出奇。哥哥迷迷糊糊地醒來，尿急想去上廁所。他推開房門，眼前的景象讓他一愣：是家裡供奉的那尊玄天上帝側身端坐在神桌上，目光如炬，直勾勾地盯著自己的神像。

哥哥嚇一大跳然後愣在原地，汗毛豎起，手腳冰冷。他不敢相信自己的眼睛，想再確認一遍，於是悄悄把門關上，留下一條門縫偷偷觀察。突然，玄天上帝的頭轉向了他，嘴角微微上揚，露出一個淡淡的微笑。那一瞬間，哥哥退了幾步，彷彿有無形的力量壓迫著他，雖然沒有感覺得不舒服，但因為年紀尚小，看到還是很驚訝，直到他眨了眨眼，那神祕的身影才消失在黑暗中。

氣爆空屋的靈魂

我們那時候年輕，膽子大，好奇那棟空屋為何都無人居住像廢墟一般，便決定一起進去探險。哥哥一馬當先跳了進去，但他很快就停下腳步，目光定住盯著二樓陽台。「我們走吧，這裡不對勁。」他突然說道。我們都不以為意，繼續往裡走，後面就發生恐怖的事情。（請看〈氣爆空屋探險〉。）

多年後，哥哥才告訴我們，那時他看到一個蒼白的燒焦的男人，站在二樓陽台上，空洞的眼神死死盯著他，嘴角微微上揚，手指緩慢地揮動，似乎在召喚著我們進去裡面。

那詭異的畫面讓他心中一陣發寒，他知道如果不馬上離開，事情會變得更加糟糕，於是直接爬出那棟空屋，原來我們都沒哥哥聰明。

東海高碉堡的恐怖探險

哥哥和他的三個國小同學在國二的時候，決定進行一次大膽的探險，他們選擇了位於台中市西屯區附近的軍方廢棄碉堡，當地人稱之為「東海碉堡」。其中有一位同學家就住在這個碉堡的附近，但即便如此，他自己也從來沒有下去過。

那一天正值中午，四個男孩帶著手電筒、球棒、玩具BB槍，做好一切「防備」措施，決定闖入這片神祕的廢墟。他們特意選擇這個時間，不僅因為天氣晴朗，光線充足，還因為中午十二點是陰陽交界最弱的時候，據說這樣比較不容易遇到靈異事件。然而，這次探險的結果，卻遠遠超出了他們的預期。

碉堡的外部早已荒廢，四處都是枯草與裂縫，陽光灑在老舊的石牆上，反射出些許滄桑的光輝。哥哥他們站在碉堡外面，遠遠看著這座隱藏了無數祕密的建築，心中既興奮又有些不安。他們走近碉堡，發現碉堡有五層樓的高度，入口處斑駁不堪，像是被歲月侵蝕了一般。樓梯蜿蜒向下，一層又一層延伸進地底深處。

當他們踏入碉堡的那一刻，外面的炎熱馬上被一股刺骨的寒氣取代。這讓他們感到不安，因為在這樣的大熱天，碉堡內卻冷得像冰庫一樣，寒風陣陣，彷彿來自某種未知的深淵。

碉堡內部的空間非常複雜，雖然有樓梯通往不同的樓層，但四人心裡明白，這座碉堡內部的設計他們無法完全掌握，傳聞底下的路線甚至能通往遙遠的軍事設施，從清泉崗可通達到望高寮，這讓他們更加忐忑。

他們小心翼翼地走進更深處，手電筒的光線在昏暗的通道內來回閃爍，映照出腐朽的牆面和地面上的廢棄物。排風口的破洞直通天空，四人抬頭望去，藍天在高處懸浮，與碉堡內的黑暗形成鮮明對比。

一開始，他們以為這次探險只會是一次普通的冒險。然而，進到裡面沒多久，怪異的現象接二連三出現了。首先，幾個人開始聽到四面八方的腳步聲，似乎有什麼東西從他們的四周慢慢靠近，卻又看不到任何人影。這種感覺讓他們毛骨悚然，不約而同地收緊了手中的球棒與手電筒。

隨著他們繼續深入，聲音愈來愈清晰。哥哥回憶說，那些腳步聲像是來自多個方向的同時逼近，有時像是從牆壁內發出，有時又像是跟隨在他們身後。當他們停下腳步時，聲音也跟著停下；但一旦他們再走動，腳步聲也隨之響起，就好像那些「東西」正在模仿他們的一舉一動。

接著，他們其中一位同學突然停了下來，臉色蒼白，低聲說：「我聽到有人在叫我們……他說『來，進來玩』。」他的聲音在空曠的碉堡內迴盪，四周的空氣彷彿瞬間變得更加冰冷。所有人都靜了下來，努力想聽清楚他所說的聲音，但似乎只有那位聽到了這恐怖的召喚。

這一切來得太詭異了，儘管他們心中充滿了探險的好奇與衝動，但這個「進來玩」的聲音讓所有人不寒而慄。哥哥那時立刻做出決定，示意大家趕快回頭返回地面。他們一言不發地開始往出口的樓梯爬，手電筒的光線在顫抖中左右搖晃，身後的空間似乎有無數雙眼睛在注視著他們的逃跑。

當他們終於爬出碉堡，重新沐浴在刺眼的陽光下時，所有人都累得氣喘吁吁，心跳聲響徹耳邊。他們互相對視，一個個都沉默不語。雖然沒有人明說，但每個人都明白，這次的探險並不像他們想像中的那麼簡單，那個「進來玩」的聲音，恐怕並不是什麼善意的邀請。

這次探險結束後，哥哥的那位同學再也沒有提起這起事件，而他們也沒有勇氣回到那個碉堡裡。多年以後，當哥哥偶爾提起這段往事時，依然會有一絲寒意滲入他的話語中。

這段神祕的碉堡探險，成了哥哥靈異經歷中無法抹去的記憶之一。

西屯路的鬼擋牆

在一個七月的夜晚，哥哥騎車回家的路上，在那片兩邊都是雜草與公墓的都會公園區域，看到一個長髮的女生，穿著就像恐怖電影女鬼的打扮，看著哥哥，而哥哥的目光也剛好跟她對到，她站在墓地中間，晚上八點了，試問有哪個男的或是女的會挑晚上八點來掃墓，根本不可能，哥哥瞬間查覺不對勁，於是加速想要離開。

那天，哥哥在西屯路上騎車返家，這條路我們平常已經走得相當熟悉，不到五分鐘就能通過。但這段路跟我〈邪靈奪舍〉那件事同路但不同邊，騎的是相反方向。當晚，哥哥發現四周的燈光漸漸變得昏暗，原本擁擠的街道似乎瞬間空無一人，行人和車輛憑空消失，整條路上彷佛只剩他一個人。

這情況讓他開始有些不安，明明是一條筆直的路，卻彷佛在無盡地重複，騎了許久，卻還在原地繞圈。哥哥感到這情況詭異，立刻回想起他的同學曾經告訴他的應對之法。

那位同學家裡開著宮廟，父母都是法師，經常跟哥哥聊一些靈異故事，也教過他如何應對靈異事件。同學特別提到過，遇到不對勁的時候，可以念誦「六字大明咒」。同學強調過，這咒語是充滿光明的咒語，能夠保護人不受靈體的侵擾，誦念時觀想全身充滿光明效果會更好。

哥哥覺得情況越發詭譎，便開始重覆默念六字大明咒：「嗡（ong）、嘛（ma）、呢（ni）、叭（bei）、咪（mei）、吽（hong）。」他越念越快，語氣也越來越急促。突然間，眼前的昏暗景象迅速消退，原本漆黑的道路瞬間恢復了光亮，周圍的車輛和行人也重新出現在他的視線中，他深吸一口氣，終於騎出了那條被詛咒的道路。

他知道，這次是那位同學傳授的咒語救了他，讓哥哥避開了一場靈異事件的困境。

後來哥哥常常罵罵咧咧叫我晚上千萬不要騎那條路返家，原來……他曾經歷過那條路段恐怖的「鬼擋牆」，至今仍讓他心有餘悸！

台灣大道上的透明好朋友

台灣大道上車來車往，街道兩旁的路燈忽明忽暗。哥哥騎車在這條熟悉的道路上，突然感覺到四周的空氣變得異常冰冷。

正當他準備加速時，一排人影悄然出現在眼前，這些影子透明無形，卻清晰地在他的視野中移動。他的心跳瞬間加速，汗水順著額頭滾落，手上的油門不自覺地放鬆。他停下來，驚恐地看著那一排影子從左至右橫穿過馬路，這不是普通的行人，因為那些車輛完全沒有減速，他們似乎根本看不見這群詭異的身影。

哥哥呆立在原地，直到後方一陣刺耳的喇叭聲打破了他短暫的恍惚，而這時那些透明好朋友穿越車道後，直接穿過大學的外牆，直直的走進去。

這次事件後，我和哥哥討論了許久，因為我們工作途中的主要選擇就是西屯路和台灣大道兩條路。台灣大道車流量大，經常塞車；西屯路人少車少，但騎起來比較順暢，自從哥哥遇到那次詭異經歷後，我們的看法就變得謹慎多了。討論的結果是，白天的時候可以選擇騎西屯路，避開台灣大道的擁擠時段，這樣比較方便。但到了晚上回家的時候，還是盡量不要走西屯路，畢竟那條路晚上陰氣重，周邊又有公墓區。我們一致認為，台灣大道雖然塞車，但至少熱鬧，車輛和人流較多，感覺更安全些。這樣一來，也能避開再度遇到類似靈異事件的可能。

福利站的高大女人

某天，我、哥哥和媽媽一起去台中的福利站買東西。在二樓逛的時候，哥哥突然停下，臉色發白，像是見到鬼一樣。

原來哥哥不經意地瞥見貨架間有一個高大的女人，她皮膚蒼白如死灰，身形異常高大，幾乎要碰到天花板。她朝著哥哥走來，動作僵硬，嘴角卻掛著一絲詭異的微笑。那一瞬間，哥哥驚恐萬分，彷彿看見了什麼不屬於這個世界的東西。

多年後，他偶然看到了伊藤潤二的《時尚模特兒》故事，拿著那本剛買的恐怖漫畫，指著那個女性模特高大的怪物角色「淵小姐」說：「我當時在福利站看到的，就是長這個樣子。」我們才驚覺，如果他那時候看到這樣的東西，那可真是恐怖到了極點。

這些靈異故事不僅是我哥哥生活中的一部分，更是我們家庭中無法磨滅的印記。他所經歷的每一個瞬間，都在潛移默化中影響了我對靈異現象的看法，讓我對這個世界有了更深層的認識。雖然哥哥從不輕易揭露自己的經歷，但他的沉默和堅強讓我明白，在面對不可知的事物時，勇氣和冷靜才是最重要的。

我們都應該重新審視生命的脆弱與珍貴。在這些靈異事件中，我們看到了不僅是超自然的存在，更是家人之間的深厚連結與守護。每當我想到哥哥在那些危險的瞬間如何保護我，心中不禁湧起感激。你是否也意識到生活中有許多事情無法解釋，面對未知神祕的現象，必須用一個敬畏的態度去尊重另一個世界維度的靈體。

最讓我佩服的是哥哥那份淡然無懼的態度，無論遇到多麼詭異的事情，他總能以一種輕描淡寫的方式表達出來，所有的恐懼都被他隔在了某個看不見的屏障之外。

或許，這就是哥哥「明則保身」的最佳體現吧。在他冷靜處理每一個靈異事件時，我也學會了如何去面對未知，這些令人毛骨悚然的經歷也被我一點一滴默默的記錄下來。

其實很感謝哥哥在上述的情況下，給了我最大範圍的保護。

14. 媽媽的軍中鬼故事：禁閉室自殺的怨靈作祟

我媽媽年輕時曾在軍中擔任「接線員」，媽媽說那時候這個工作被稱作「話務員」。為了生活穩定，媽媽高中畢業後考上了嘉義國防部空軍的職位，入伍三年，那是一份安靜但充滿隱藏危險的工作。

當時的軍中，阿兵哥們被嚴格管理，稍有不慎犯錯，就會被關進那傳說中陰暗、潮濕、狹小的「禁閉室」，禁閉室黑暗無光，深不見底。軍營內的傳言說，只要被關上一天，就能把人折磨到崩潰，身心俱疲，尤其是那些被關上更久的，可謂生不如死。

軍中女同事很少，加上我媽媽是嘉義女中的才女，在那個時代能考進軍中可說非常不易，除了要學業優異，還要有出眾的才能。再加上她天生長相秀氣，於是軍中的阿兵哥、老兵，甚至一些長官，都對她頗為照顧，很多人也曾追求她。

阿公為媽媽的工作買了台摩托車

當時媽媽剛畢業，考進了軍中當公職人員讓阿公非常開心，當然媽媽也很珍惜這個工作，每天上下班途中，媽媽都會經過一片廣大荒蕪的公墓區，其中有一段路，當地的居民謠傳常會看到一個女性靈體在路邊跟人招手或喊你的名字。

媽媽曾經有位朋友載她經過那段上坡路段，因為朋友聽到且看到有個女子叫他，當時剛好被一塊石頭絆了一下，驚嚇之餘，他竟然不知道當時側坐的媽媽已掉下車了，還在不自覺中繼續騎走，把我媽遺留在原地，媽媽雖沒看到那女子，但也是走了好久才離開那片公墓。

經過這件事情後，阿公知道媽媽也屬於體質比較敏感的那種，兩旁又都是公墓，如果騎腳踏車上班真的非常煎熬，而且這個工作是需要輪班的，阿公體諒媽媽，就投資媽媽買了台摩托車，聽說當時的家庭是很少有摩托車，可謂是下了血本，不過媽媽知道阿公也是為了避免「額外生事」。

然而，原本平靜的工作和日子，因為一個事件徹底改變了。

逃兵被關禁閉室竟自殺

某天，一位阿兵哥因為家中長輩生病，逃兵回家，因而被士官長處以長時間的禁閉懲罰。這段關禁閉的時間讓他錯過了家中至親的喪禮，無法回去送行。他對此非常痛苦，覺得自己不孝至極，心中充滿了悔恨與絕望。禁閉室的封閉和沉寂讓他幾乎崩潰。

據說禁閉的地方猶如一座幽暗防空洞，陰森寒冷，進去的人經常會聽到莫名的低語和腳步聲，有人說那裡住著亡靈，經常在黑暗中徘徊。

有一天，我媽媽下班經過那禁閉室的附近，門口有憲兵在守衛，眼角餘光突然瞥見地上有什麼東西在動。當她細看時，看到是一個人從禁閉室口爬了出來，那是一隻顫抖的手，似乎在痛苦地掙扎，想要抓住什麼。

她驚訝看著那位被關禁閉的阿兵哥的手，爬行中面容模糊不清，但從他的眼神和痛苦的表情可以看出，他在無聲地呼喊，彷彿想要向外界求救。那雙手扭曲變形，指甲破裂，看上去極為淒慘。

媽媽瞬間僵住了，不知所措。就在她打算上前時，那隻手突然垂下，隨之而來的是一片死寂。媽媽叫出聲音，憲兵隊的人馬上過來處理，這樣的場景讓大家都震驚了，那位阿兵哥被發現時就已經死了，死狀十分慘烈。

經過法醫驗屍，發現他竟然口含「氰化物」。這種劇毒會在短時間內導致人迅速死亡，最可怕的是它的中毒症狀，從最初的面部潮紅到最後的呼吸停止，整個過程讓人痛不欲生。

這個毒物的中毒症狀是：氰化物暴露後，初期，可導致面部潮紅、心搏加速、高血壓、氣促、頭痛、焦慮及頭暈等症狀。更嚴重者則會產生躁動、木僵（stupor）、昏迷、瞳孔擴大、呼吸抑制、癲癇、脈搏變慢、低血壓、肺水腫、嚴重代謝性酸中毒，甚至死亡。嚴重中毒者，可在數分鐘內即導致死亡。那位阿兵哥是下了什麼決心用這麼痛苦的方式自殺，死後的怨念多重啊，不是我們能想像的。

媽媽是目擊者但是也被下令不能說出去，直到今天我要寫鬼故事，媽媽特別提供了這個真實軍中鬼故事。誰也不知道為什麼他會含此毒物自殺，這成為了一個不解之謎。更詭異的是，氰化物並非一般人能輕易取得的毒物，而且禁閉室內並沒有這樣的東西，肯定是他被關進去之前就已經帶在身上了。

然而，這起事件並沒有就此結束。從那之後，那位士官長的生活開始變得詭異無比。據說每晚他都會被人拉走棉被，屋內時常響起不明的腳步聲，甚至有人在黑暗中不停地呼喚他的名字，聽說那名死去的軍人還常常在夢中找他算帳，讓他夜夜不得安寧。

這些靈異事件日復一日地折磨著他，讓他精神崩潰，無法入眠。最終，那位士官長因精神衰弱，甚至萌生了提早退役的念頭。後來有請一些法師來軍中驅散，還有祭拜那位自殺的阿兵哥，事件才平息下來，那位士官長的作風明顯在這個事件後收斂了許多，對待其他小兵也變得更加和善。

接線室的詭異屍臭味

這個事件之後媽媽依舊在接線室和幾位同事輪流值班。平常的工作環境，除了接聽四面八方軍中國家人員的電話，並無太多異常。那時候有六百個線路，媽媽要背六百組來電密碼，幾乎不太能出錯，媽媽也一直都很稱職。

某天，她突然發現電話線頭裡，都很臭，一條一條拔起來，都有一股很噁心的臭味，同事們都不知道是怎麼回事，急忙上報維修部的同仁前來處理。一開始就幾條線路很臭，後來全部越來越臭，大家都要戴口罩上班，媽媽也在接線室噴起了香水，而且線路也常常無故在閃。

後來軍營的人都知道此事，維修部的人也束手無策，報告上級之後，聽聞早年建築這個國防部軍營的位置，是屬於亂葬崗，日劇時期更是那種堆死人的地方，底下有許多無名的死屍。

軍中有一些懂傳統術法跟體質比較特殊的人也都在傳是那些無名的冤魂在鬧，說那個自殺的阿兵哥是被抓了交替，被冤魂亂了心智才會自殺的。一些莫名的謠言越演越烈，所以只好請來法師及有名的民俗專家來處理，之後就沒有那個奇怪的臭味了。

媽媽三年時間一到就退役，不想再做這個「話務員」的工作。這件事的恐怖和詭異，直到今天仍讓我媽媽感到心有餘悸。

當時這件事是一個禁忌，雖然被軍營裡的人們口耳相傳，但沒有人敢公開談論太多，但到了現在這個年代，應該就沒關係能講出來了。

15. 那年，命案的夜晚

這是媽媽告訴我，她小時候親身經歷的恐怖事件。

以下是媽媽的口述：

嘉義灣橋村的夜晚總是特別靜謐。微風吹過樹梢，村子裡的每一户人家都陷入了夜晚的沉睡。這個小村落就像是被時間遺忘了一般，生活單調而平和。然而，那個夜晚，我至今無法忘懷。

我十八歲那年，村裡接連發生了兩起兇案。那天晚上，我目睹了鄰居阿姨的死亡，還聽說我的國文老師犯下了滅門慘案。兩個原本看似毫無關聯的人，卻在那個令人毛骨悚然的夜晚，命運交織，村裡的寧靜也被打破。

撞球館裡的榮民

鄰居阿姨的家裡開了一間撞球館，常常有老榮民來這裡消磨時間。那天晚上八點左右，我正準備睡覺，窗外的風輕輕拍打著窗框。村裡的夜晚總是這樣，安靜平和。然而，我沒有想到，這將是我最後一次感受到這樣的寧靜。

榮民中，有一個退休的男人，他總是孤身一人，沉默寡言。他常常來到撞球館打球，對周圍一切都漠不關心，但他的目光總是停留在鄰居阿姨的身上。村裡的人都知道他喜歡鄰居阿姨，雖然阿姨已經結婚，有一個幸福的家庭，但這並沒有阻止他的癡迷。

一開始，大家都以為他是個無害的人。畢竟，他看起來那麼安靜，除了那雙偶爾流露出一絲瘋狂的眼睛，沒人會認為他會做出什麼瘋狂的舉動。然而，村裡風言風語傳開，榮民似乎不再只是單純的癡迷。他開始變得不安，常常在撞球館外徘徊，甚至深夜也能看到他的身影。

那一聲救命的呼喊

那天晚上，我已經準備上床休息，外頭的風突然變得冷冽。我剛閉上眼，耳邊忽然傳來一聲尖銳的呼喊聲「救命啊！」那聲音刺破夜空，冰冷刺骨。我猛然坐起來，心跳瞬間加速。這種聲音，我從來沒有在我們這麼安靜的村莊裡聽到過。

我立刻跑向門口，腳步匆忙而慌亂。當我衝到街上，眼前的一幕讓我瞬間僵住。榮民那熟悉的身影正站在撞球館門口，他手中緊握著一把鋒利的刀，刀上還滴著鮮紅的血。

阿姨倒靠在她家庭院的大樹上，血從她的肝臟處湧出來，染紅了整片地面。她的眼睛瞪得大大的，嘴唇微微顫抖，像是在努力呼吸，但鮮血從她的胸口汩汩流出，無法停止，口中一直叫「救命啊……救我」，一手伸手捧著被殺的位置，一手往我的方向伸過來，奮力想抓點什麼東西的動作。

「天啊……」我只來得及喃喃自語，雙腿像被釘在地上，無法動彈。榮民那張蒼老的臉上，滿是冷酷與決絕。他慢慢拔出刀，隨著刀鋒從阿姨體內滑出的瞬間，我看到她的臟器也被帶了出來，血液伴隨著一股刺鼻的腥味瀰漫在空氣中。

而榮民竟然毫不猶豫地將那把刀刺向了自己。他往自己的胸口狠狠刺，鮮血瞬間從他身上噴出，他的身體隨著刀口逐漸彎曲，最後癱倒在阿姨身旁。他們兩人就這樣並肩躺著，周圍一片血紅，紅得讓人無法直視。

我想尖叫，但聲音哽在喉嚨裡，眼前的一切讓我無法理解。這是夢魘嗎？為什麼這麼熟悉的村莊突然變得如此恐怖？

另一個殺戮的夜晚

就在我還無法從這驚恐中恢復過來時，村裡的另一端，國文老師的家裡也發生了一場慘案。

國文老師一直是個溫和的人，大家都以為他是個規矩的學者，待人總是文質彬彬。然而，他內心的暗潮卻早已湧動。國文老師租借這戶家庭的一個房間，與這家的長女日久生情，兩人原本互有愛意，但隨著女孩的阿嬤與媽媽的反對，讓一切都變了。女孩聽從了家長的意見，決定與另一個男人相親。

這讓國文老師徹底崩潰。他無法忍受這種背叛的感覺。當晚國文老師表面上還保持著平靜，但內心的怒火已經熊熊燃燒。

他進入屋內，女孩的阿嬤和母親坐在桌邊，女孩在廚房忙碌著。國文老師突然爆發，他掏出了藏在衣服裡的刀，刺向了那個他曾經愛過的人。刀光閃爍，血液四濺，阿嬤和母親驚恐的尖叫聲充斥著整個房間。

那天晚上，死了三人，而國文老師就這麼站在血泊中，臉上的表情麻木空洞。當附近村民趕到時，他已經被血染紅，宛如一個迷失方向的靈魂。

村莊的寂靜

兩起命案在同一夜晚發生，震驚了整個村莊。警察迅速趕到，將榮民和國文老師抓捕歸案。一星期後，他們就被判處了死刑。村子裡的人開始變得沉默，沒有人會提起這個夜晚的事情。

我站在窗前，望著被夕陽映照的村莊。那天的血跡早已被雨水沖刷，但那呼喊聲和血腥的畫面卻永遠烙印在我心中。每當夜幕降臨，我總能聽到那聲「救命啊！」再次在耳邊響起，彷彿是一道註定要糾纏我一生的詛咒。

這是我們村裡無法忘卻的夜晚，一個愛與瘋狂交織，生與死相伴的夜晚。

夜路與死者的陰影

在那場命案發生後的幾個月裡，我一直試圖把那晚的慘劇拋在腦後。但每當經過撞球館，腦海中的畫面總是揮之不去。那片染滿血跡的地面，阿姨無力倒下的身影，還有榮民那扭曲的表情，一切都像夢魘一樣，無時無刻不在折磨著我。

事件發生，也就是鄰居阿姨頭七的那天我必須去鎮上辦點事，準備騎機車出門。夜晚的空氣異常寧靜，天空陰沉無月，只有機車的引擎聲在寂靜中顯得格外刺耳。

撞球館就在我家隔壁，我從家門出去時車子發動沒問題，當我騎經命案那個位置的時候，機車突然發出了異常的聲音。引擎嘎吱一聲，隨後熄火。我感到一股冰冷的寒意從脊椎爬升上來。

「怎麼會這樣？」我試圖重新啟動機車，但無論怎麼扭動油門，怎麼踏，機車就是一動不動。周圍的空氣變得更加沉重，夜晚的寧靜中，我似乎能聽到自己的心跳聲。

撞球館的門口，在昏暗的路燈下，那片地面顯得格外黑暗。我想起了那晚的血泊，隱約感覺有什麼東西正盯著我。空氣中瀰漫著一股難以言喻的壓迫感，讓我的呼吸越來越急促。我的手顫抖著，再次嘗試發動，然而機車依然毫無反應。

此時，我的腦海中浮現出阿姨的面孔，那雙曾經滿是無助的眼睛，最後定格在血泊中的樣子。我彷彿能感覺到她的靈魂依然徘徊在這裡，未曾離去。恐懼像潮水一樣將我吞沒。我四周張望，街道空無一人，連蟲鳴聲都消失了，只剩下我和這詭異的沉默。我深吸一口氣，心臟狂跳差點快從胸口跳出來。

「阿姨……」我艱難地開口，聲音顫抖，「請妳不要嚇我……我知道妳一定很痛苦，但我不是故意來打擾妳的……請妳安息……」。

話音剛落，我似乎聽到了一聲微弱的嘆息，從撞球館的那處飄來。那聲音輕得像風，但卻讓我渾身僵硬。周圍的空氣似乎變得更加冰冷，我忍不住打了個寒顫。

就在這時，機車的引擎突然毫無預兆地啟動了。引擎聲打破了死寂，震得我差點從車上跳起來。我顫抖著握住車把，迅速掉頭駛離那片陰影。

在車燈的照射下，我最後回頭看了一眼撞球館。燈光微弱，掠過那扇生鏽的鐵門，像是看見了一雙無形的眼睛，正默默地注視著我。直到我完全駛離，我的心跳依舊無法平復。

辦完事情我從另一個方向騎回家，我將車停回家中，不敢往鄰居庭院的方向看，但心裡依然被一種難以言喻的恐懼所籠罩。後來，那樣的怪事就再也沒有發生過，也許就是頭七鄰居阿姨回門，知道我是鄰居的妹妹，才沒發生太恐怖的狀況，事件漸漸被遺忘，最後我與家人也搬離了灣橋的村莊。

另一起二二八事件的案子

我的左方鄰居是個「醫生娘」，她是當地有名的助產士，這個村莊的小孩很多都是她接生的，我也是她接生的。

她嫁給一位離過婚的醫生，先生已有一個兒子，因此她成為這位大兒子的繼母，後來她又生了一個男孩，因為我住在她家隔壁，所以常常去她家幫忙照顧年幼的兒子。

沒幾年醫生因病過世，留下了大兒子。當時大兒子念台大醫學系，遇上二二八白色恐怖時期，因學生運動的牽連一起被抓走，當時大兒子寫信回家，內容都是被刑罰，然後沒有吃的、用的，懇請繼母拿錢救他回家，但當時情勢太過恐怖，聽說拿了錢也不一定放人，醫生娘一個女人也不得其門而入，只好狠心不聞不問，加上醫生過世多年，家中經濟也入不敷出，醫生娘並沒有錢去救男孩，後來男孩身體虛弱，憤而死在牢中，聽說也被隨便下葬。

往後的幾年醫生娘突然得了「黑腳病」，當時黑腳病是沒有辦法醫治的，村民說這是被大兒子詛咒，大兒子因為沒有被救，來找醫生娘報仇，所以得了黑腳病，當時黑腳病只能一步步的把爛掉的腳一段一段截肢，截到一個位置就會死去，過程非常痛苦，在一次次的截肢下存活，想死死不掉，想治治不好。

醫生娘晚年可以說是生不如死，後期我常常去幫忙照顧她與她的小兒子，每每到她家都只能聞到腐爛的惡臭，她無法行動，只能眼睜睜看著自己逐漸萎縮、發臭的雙腿越來越短，身心交淬中走向死亡。其實醫生娘也留了不少錢，後來我因工作無法常常去照顧她，她請了外藉的看護，聽聞看護工偷了她不少金子跟錢，真的是人間悲劇。

幸好醫生與醫生娘生前在地方上幫助過居民，所以生病期間村長和里長都會來幫她，醫生娘過世之前嘴巴常說：「可能她沒有拿錢去救大兒子，所以是她的現世報。」最後醫生娘在「黑腳病」的摧殘下走了，留下為數不多的錢與房子給小兒子，後來由村民接濟照顧小兒子到長大。

這是當地都知道的故事，之後我與家人搬離了灣橋的村莊，有幾起事件在我長大後漸漸被遺忘，但是這些故事我永生難忘。

16. 醫院電梯遇鬼事件

疫情期間，我的阿姨在澄清醫院開刀住院。我的任務是白天去陪伴她，直到哥哥來接替我的班。某個星期日，醫院裡的人似乎比平常少，因為疫情的影響，醫院取消了一些非緊急住院及手術，病房內顯得格外冷清。

那天下午，我跟哥哥要換班了，我搭上了唯一能使用推送病床的電梯下樓準備回家。電梯內的燈光閃爍著，讓人感到一絲不安。我按下了一樓的按鈕，電梯緩緩下行，隨著樓層逐漸降低，內心的緊張感也不斷加深，這種感覺像是一種無形的壓力，壓得我喘不過氣來。

當電梯到達十一樓時，一名男子走了進來。他的眼神帶著一絲疲憊，似乎也是剛剛陪伴家人度過了一場手術。他進來就到按樓層的界面前站著，按下關門的鍵，隨著電梯門緩緩關上，電梯開始下行，我不認識他，所以也是安靜的等待電梯到一樓。

當電梯到達四樓的時候，門突然打開了。瞬間，一陣莫名強烈的寒風吹了進來，讓我不由自主地打了個冷顫，電梯像是有什麼走進來，好大的震了一下。然後門又關上了。

那名男子，他的臉色突然變得蒼白，似乎看到了什麼可怕的東西。我看向他的時候，視線也掃過電梯門的倒影，好像多了一個人，我心中暗暗發毛，想要轉頭查看卻又不敢動。就在這個瞬間，電梯內的燈光閃爍得更加劇烈，周圍的空氣變得更加沉重。然後，我感到一陣強烈的撕扯感，就像是有什麼東西在拉扯著我的靈魂。

我的視線被電梯門上的倒影吸引，隨著燈光閃爍，我注意到身後的空間中出現了一個模糊的老者身影，我非常確定，那個老者就站在我和那位男子的正後方，老者的眼神空洞而絕望，彷彿在尋找著什麼，卻又永遠無法找到。

在那一瞬間，恐懼如潮水般湧來，我強迫自己不去想那個身影，卻發現電梯內的溫度越來越低，感覺一股冰冷的風在我的後方吹過來。我與身旁的這個男子都互相斜視看著對方，都察覺到彼此也感受到了那個倒影的異常存在。我們都明白，那並不是正常的人，而是在我們身後形成威脅的某種存在。他連忙伸手按下開門鍵，似乎想要快點逃離這個恐怖的空間。

但電梯啟動顯示向下，我心中不安的情緒顯然已達到了頂峰。短短幾秒的向下電梯，就好像有十分鐘那麼久，電梯裡的轟鳴聲加上隱約的低語，迴響在我和那位陌生男子的耳邊。我的眼睛不由自主地盯著那個門前老者的倒影，我很確定他是在四樓時才出現的，我心中一直祈求，並且一直唸著哥哥教我的「六字大明咒」，心裡不斷想著，到了一樓我要馬上衝出去。

就在電梯的門再度打開，我和那名男子立刻衝了出去，頭也不回的跑出醫院。我感覺後面的老者就要伸手拍我們兩個了，似乎那個老者並不打算就此放過我們。幸好門即時開啟，讓我們順利逃離那個陰暗的空間。雖然我們並未有過多的交談，但這一切彷彿成了無聲的共識。

衝到醫院的門口，我與那名陌生男子相互凝望著，幾乎同時脫口而出一句：「好險。」似乎我們都明白，在那一瞬間，我們看見了不該見的東西。

男子低聲說道：「我好像在下午的時候，有看過那個老人在開刀房出現。」我能感受到他話語中的顫抖，我問他怎麼會看到，他說：「我下午都在四樓開刀房等待開刀的家人，後來被安排到十一樓的病房，也是剛和家人換班，準備回家。」而我和他都是剛好等不到別的電梯，才乘坐這台推送病床的電梯下樓，沒想到就遇見了……，後來我們互相打氣，跟對方說要去拜拜、收驚一下，求個平安，打完招呼就各自回家了。

幾天後，我回到醫院探望阿姨，心中依然懸著不安的影子。我選擇走樓梯，雖然這樣不太方便，但我再也不敢搭乘任何電梯。每一步都如同走在刀尖上，心中不斷回想起那位老者的影子和那股無形的恐懼，讓我心中忐忑不安。

在我走到四樓的時候，猛然一陣寒風吹過，讓我忍不住打了個寒顫。我走向那排電梯，電梯門正慢慢關上，但那台病床電梯裡卻空無一人，沒人搭乘，也不用排隊等待。我非常恐懼，發誓再也不會坐那台電梯，不想面對那個陰影，這段恐怖的回憶如影隨形，像插在我的心中的一把刀。

那段時間我夢見那位老人兩次，夢中，他空洞的眼神與低語聲彷彿在召喚著我。我告訴自己，我已經逃離了那個恐怖的電梯，我只是倒霉看到了那個畫面，讓自己盡量不要回想，確實，此後也沒有發生什麼奇怪的事情。之後在回到那個醫院，我也都會選擇搭手扶梯，或是走樓梯，電梯也只會選擇一般的訪客電梯，因為那種無法言喻的恐懼深深地根植在我的心中。

相信只要你懂得選擇更安全的路徑，那就不會有額外的意外事件了。

17. 水鬼仔抓交替

小時候，我和哥哥最愛圍坐在阿公身邊，聽他講述那些陰森可怕的鬼故事。

阿公講古是我們幼年最享受的時刻了，阿公在講故事的時候，他的語氣總是神祕而低沉，像是在為我們揭開某種不為人知的祕密。阿公的故事裡，有一段特別讓我印象深刻，講的是他年輕時在嘉義竹崎鄉「水蛙仔橋」的抓交替事件。

在阿公那個年代，物資相當缺乏，食物不時短缺，為了幫家人增加一些菜色，阿公經常會到他口中的「水蛙仔橋」釣魚。根據阿公的描述，那裡應該是八掌溪的源頭，溪水清澈見底，四周環繞著青翠的山丘，彷彿是一個與世隔絕的世外桃源。

某一天，阿公像往常一樣提著釣竿，心情愉快地來到溪邊，準備享受一段寧靜的釣魚時光。然而，事情卻朝著他意想不到的方向發展。釣著釣著，他突然感覺到右腳被一股強大的力量猛然拖扯，整個人瞬間失去重心，隨之而來的是一陣撕心裂肺的驚慌。他驚恐地抬頭，映入眼簾的是一個模樣猙獰的女水鬼，黑影般的身影在水中飄動，目光冷冽而死寂。

在那一瞬間，阿公全身的血液都冰冷了。他心中只有一個念頭：必須掙脫這股力量。所以他幾乎是用盡全身的力氣，口中不自覺地狂罵，將她的祖宗八代都罵了一遍。就當他以為自己會成為水中的一具屍體時，這股力量卻突然放開了他。他狼狽地從水中爬起，全身濕透，驚魂未定地狂奔回家。

回到村子後，阿公的抓交替事件立刻傳遍了整個村莊。村民們驚恐地交頭接耳，分享著各自聽聞的靈異事件。不久後，村裡的人開始發現，每年都會有人去溪邊玩水而溺死，這似乎成了一種不成文的規則。溪水明明不深，卻為何會有人溺亡？這成了村民心中無法解釋的謎團。

據說，這個女水鬼專門捕捉那些在溪邊嬉戲的人，特別是那些心情愉快、無憂無慮的年輕男女。但也不一定都是如此，後來在那裡死去的居民或是遊客的身分五花八門，沒有規律性，而她的出現，似乎只是對那些幸福笑聲的反擊。

每三年就會有一個人被她抓走，這樣的悲劇層出不窮。阿公無法解釋為何是三年一替的典故，只知道村裡的情侶們，常因為門當戶對的問題，或者因嫁娶不順而選擇輕生，於是那些落寞的靈魂，便成了女水鬼的獵物。

隨著這個故事在村子裡流傳，成年人大肆警告孩子們，千萬不能靠近那片溪水。我的媽媽、阿姨和舅舅們，都曾聽過這個警告。她們小時候也被迫聽從，畢竟「水蛙仔橋」的傳說，事情早已在村裡牢不可破。

而如今，隨著地貌的變化，八掌溪的水系環境已經不再是以往的模樣。儘管如此，這裡仍然頻繁傳出溪邊玩水溺死的新聞，彷彿那股力量仍在潛伏。媽媽和阿姨在農曆七月的時候，偶爾也會談起那段過去，聽她們提起的那些故事時，我不禁感到一陣寒意。

有一年，媽媽與阿姨一起閒聊時，提到她們小學四年級的時候，住在隔壁的同班同學的哥哥，因為不信邪，獨自跑去溪邊游泳，結果真的被抓交替，永遠消失在水裡。

媽媽聽到我想寫下這個「水蛙仔橋」的故事時，神色立刻變得凝重，又跟我說了一個故事，她說除了隔壁的同學哥哥，還有她一位同學也是去溪邊玩，突然就失蹤了，最後在不遠處的水域被發現，卻也同樣失去了呼吸。

某個夜晚，我心血來潮，決定上網查找「水蛙仔橋」的資料，看看是否有更多的故事流傳。搜索結果中出現了一些照片，並有不少人在該地附近的溪流因「抓交替」而溺斃的新聞。隨著故事的深入，我開始思考這些事件背後的意義，似乎這不僅僅是一個鬼故事，而是一種警示，一種人們應該尊重自然與靈魂的智慧。

為了避免被抓交替的風險，我決定少靠近溪水。農曆七月再度來臨時，我的心中充滿敬畏，時常提醒自己要小心。

阿公已經不在人世多年，但聽到她們提起「水蛙仔橋」的故事，讓我不禁想起阿公曾灌輸給我的那些警告，提醒我要特別小心，遠離溪水。我也將阿公的故事告訴身邊的朋友，希望他們能夠記住，遠離那些陰影籠罩且恐怖的地方。

時光荏苒，這些靈異故事早已悄然在我心中生根。在那些陽光明媚的日子裡，雖然溪水依然在流淌，但我依然不敢輕易靠近河岸，因為我明白，有些故事不該被遺忘，有些地方的祕密永遠埋藏在水底，靜靜地等待著下一位不知情的訪客——被「抓交替」。

18. 阿公恐怖又帶點淒美的愛情故事

這是我聽媽媽與阿姨、兩個舅舅們口述的真實故事，既令人毛骨悚然，又帶著淡淡的淒美情感。

阿公是「鄭成功」的第十九代子孫，家族的祖譜上有著清晰的記載。當年，阿公家境小康，追溯到曾祖父「鄭興」從福建到台灣時，他有道士的家學淵源，當時頗有才能，被台灣的富豪張家看中，入贅到張姓曾祖母家，張姓曾祖母因病過世後，曾祖父又另娶了一位繼母，生了一男一女。

好景不常，由於曾祖父的揮霍，讓整個家庭陷入困境，因此後來不敢回福建「鄭氏宗親」認祖歸宗，而曾祖父其實懂得家傳的道法，一直在為居民驅邪並在當地設立祭壇，但後來曾祖父因賭博成癮，敗光了家產，賣了許多張家的祖產，曾祖父在媽媽出生的第九天過世了，聽阿公的口述是說他跟邪靈在鬥法中不幸被帶走，但真實情況已無法考證。媽媽說他們小時候也是聽阿公說才有印象，當然我小時候也都是聽阿公講古，才會知道這麼多事。

曾祖父過世的時候，張姓曾祖母的大兒子繼承家學，成為了當地的風水師。老二開了賭場，在賭場做老千，那時候是日據時代，聽聞他被日本軍人發現做老千，被活活打死了，當時不能去認屍體，於是草草的被丟到土坑埋了。老三阿公因為出生的比較晚，當時家裡的祖產已經被敗的差不多了，所以他不認識字，後來阿公被迫到嘉義的同姓鄭家當長工賺錢，阿公是一個腳踏實地的老實人，這位富豪鄭家的千金，在阿公當長工的工作期間，對他產生了深厚的情感，愛上了阿公，想要讓阿公入贅到自己家裡。

然而，阿公內心深處的自卑感讓他無法接受這段感情，他總覺得自己配不上這位美麗的鄭姓千金。在那個傳統的社會裡，同姓結婚更是大禁忌，這讓阿公在情感與道德之間掙扎。

在傳統價值觀的重壓下，阿公最終殘忍地拒絕了鄭千金的告白，阿公用同姓不能結婚為由，去拒絕鄭千金，這拒絕像是一道無形的利刃，深深劃過鄭千金的心，她的眼中閃爍著絕望的淚光，彷彿一瞬間整個世界都失去了色彩。她心如死灰，無法忍受被阿公拒絕的痛苦，選擇在一個陰雲密布的午後，跳入湖中自盡，留下的只有冰冷的水面。

鄭千金的自殺讓鄭家陷入悲痛之中，據說在她的遺書裡，除了對阿公的詛咒，還有她不甘心的冥婚請求，期望能進入我們鄭家阿公的家譜，死也要當阿公的家人，然後成為他生命中不可或缺的一部分。這份詛咒如同一根無形的絲線，將他們的命運緊緊捆綁。

富豪鄭父看到女兒的遺書後，決定用金錢逼迫阿公與他的女兒冥婚。面對著日益加劇的家庭壓力，阿公的內心掙扎到了極限，但始終沒有答應鄭父，後來阿公的長工契約結束，那時已經三十歲了，被長輩媒合與我的魏姓阿嬤相親結婚了。

就在阿公阿嬤第一個孩子的降臨之時，阿公的生活還是輸給了撲朔迷離的詛咒。大舅自出生後，每晚都高燒不退，阿公和阿嬤無法忍受心中的焦慮，於是尋求法師的幫助，卻得知一個令人毛骨悚然的真相——鄭千金的詛咒應驗了！

在法師的溝通之下，得知鄭姓千金的訴求就是讓阿公與阿嬤的第一個孩子認她當母親，並且也要跟阿公冥婚。看到孩子一直高燒，無奈之下，終於在恐懼與絕望中妥協，答應冥婚，也讓鄭千金如願以償地進入了祖譜。當一切安排妥當後大舅竟然安靜了下來，不再高燒不退，似乎是鄭千金在告訴大家，她所有的遺願與祈求已經得到了滿足。

然而，這個故事並未結束。隨著歲月的推移，大舅在婚姻上選擇了同姓的鄭姓女子，讓阿公心中無比疑惑，原本以為詛咒已經被打破，卻又發現命運似乎在無形中再次將他們捲入漩渦之中。

阿公與阿嬤不久後從嘉義搬到台中，將祖先的牌位一起供奉，我們姓魏的阿嬤也因為家人都在打仗中死亡，她是唯一的魏家孩子，也把家裡的神祖牌位請來祭拜，結果阿公與阿嬤變成要拜姓鄭家的牌位、姓魏的牌位，還有姓張的牌位，因此家裡的神祖牌位變成三個。

之後阿嬤生了媽媽、阿姨，到生到小舅時，為了繼承魏家，小舅被迫改成跟阿嬤同姓魏。家裡的牌位如此混亂，他們的心中卻始終懷著一絲不安，彷彿命運的陰影始終在他們的生活上游蕩。

某一年，神祖牌的木頭裂開，長輩們決定請師傅來修理。當牌位被打開，發現魏姓小舅的名字被寫在裡面，竟然拜了沒有死的人那麼久，也難怪之前小舅的身體是他們兄弟姊妹中最不好的，後來改好牌位，說也奇怪，魏姓小舅的身體就突然有很大的轉變，不再長年生病。裡頭鄭千金的名字也在其中，師傅直言不諱地告訴我們，這樣的情況會導致家中紛亂，迫使我鄭姓的大舅不得不將鄭千金的牌位請回嘉義供奉。

隨著時間的流逝，兄弟姐妹們間的討論越來越熱烈，尤其是大舅的大兒子也就是我的大表哥，他的未婚女友，竟然也姓「鄭」！這一巧合讓在場的人都不禁感到毛骨悚然，彷彿看到了詛咒的命運依然被無情的操控著。

幾年後，大表哥真的與那位鄭姓女友結婚，這讓整個家族再次陷入不安的氣氛中，另外說也奇怪，二表哥的老婆「姓張」。家族的奇怪輪迴，讓我們都在討論中不禁心生懷疑，是否真的有那詛咒的力量在操控著他們的命運。

聽完這個故事，我心中充滿震撼，明白了在愛情與命運的交織下，無論是淒美的情感，還是可怕的詛咒，都是生命中無法逃避的宿命。

或許，在冥冥之中，有著量子糾纏的神祕力量，註定了一切相遇與重逢。即使歷經波折，這份同姓的情感依舊在生命的長河中流轉，彷彿鄭千金的愛戀與怨恨仍在時空的交錯中持續發酵，讓我不禁思考：未來的小姪子，是否也將在這詛咒的影響下，與姓「鄭」的女子再次相遇呢？我們拭目以待。

後來我才知道阿公時常教我們有的沒有的咒法，是曾祖父教他的，媽媽學了一些救人的，例如收驚、化骨符、鎮宅的符咒畫法，我也學了一些，因為家裡有一本符咒的祖傳書，裡面記載很多古法與救人、害人的奇門遁甲術，都是道教的一些法術。

後來在幾次搬家後，那本符咒書不見了。時光飛逝，我們也幾乎遺忘了心咒與怎麼畫符咒的道法，有的只是零碎的一些救人的小咒術，在一些小地方真的有應驗救了人，阿公、媽媽他們的傳承雖然我沒學到多少，但是似乎因為這樣，隔好幾代旁系的我也繼承了一些「敏感的體質」。

19. 阿嬤的陪伴與不解的靈異現象

「阿嬤」，媽媽的媽媽，在疫情第二年於醫院病逝，享壽九十二歲。當她離世時，我們全家人都沉浸在深深的哀痛之中。媽媽、哥哥、我、阿姨、舅舅，以及舅舅的女友，表哥、表嫂、表姊和小姪子，大家都聚集在阿嬤的靈前為她送行。

表姊沒有帶她的兩個女兒參加喪禮，因為孩子們年紀太小，一個五歲，一個才三歲。她擔心孩子們太小接觸到喪禮的氣場會沖煞到，回來送行時，將兩個女兒交給台北的婆婆照顧。

表姊在科技公司擔任助理工程師，工作繁忙。她的同事中有一位平時接觸法事的朋友，聽到表姊要去參加喪禮，特別提醒她一些防範「不潔」的習俗。她建議表姊在喪禮後，用榕樹葉淨身，避免帶回邪氣。表姊雖然不是特別迷信的人，但身為母親，她對小孩的健康和安全格外在意，因此還是依照同事的建議照做了。

奇怪的事情發生在喪禮結束後的幾天。表姊的小女兒開始每天凌晨二點醒來，跑到陽台上，像是和某個看不見的朋友聊天與比劃。每當這個時候，表姊也會無故驚醒，然後再也無法入睡。作為一個忙碌的職場媽媽，她平時的生活已經「壓力山大」，現在再加上這種詭異的夜晚經歷，讓她更加疲憊不堪。

這樣的情況持續了一兩個星期，表姊一方面感到困惑，另一方面也漸漸感到恐懼。她不理解這種現象，而且平常也不太會去注意什麼靈異事件。但夜晚的詭異景象一次次上演，她的小女兒總是在相同的時間醒來，她自己也無法解釋為什麼每晚會這麼準時驚醒。

最終，表姊忍不住向教她淨化步驟的同事求助。她把這幾天的怪事一五一十地告訴了對方。同事聽完後，表情相當凝重，並介紹她一位據說十分靈驗的師父。這位師父每個月會從花蓮到台北一次，專門幫助人們處理一些「卡靈」或是靈異現象。這位師父在費用方面都是隨喜，大部份以做功德為主，表姊聽完就馬上決定去試試看，畢竟這些事情讓她心力交瘁。

幾天後，表姊在同事的陪伴下來到師父所在的台北祭壇。祭壇布置簡樸，香火繚繞，空氣中瀰漫著一股寧靜莊嚴的氣息。表姊站在門口，還沒開口說話，師父便主動提到：「妳身邊有位老人跟著，似乎是妳的親人，沒有惡意。」這句話讓表姊大吃一驚，她完全沒有告訴師父任何細節，而且跟同事說過的事情都是點到為止而已。

師父繼續描述，說那位老人站在祭壇外，無法進入，因為祭壇有神明守護著。師父形容那位老人的穿著，表姊心頭一緊，那不就是阿嬤生前最愛穿的衣服嗎？她從來沒想到阿嬤會以這種方式回到他們的生活中。

師父還進一步指出，阿嬤之所以跟著表姊，是因為她非常喜歡表姊的小女兒，想陪著她長大。但由於表姊家裡也供奉著神明，阿嬤的靈魂無法進入，只能在陽台外徘徊，但是阿嬤可能不知道她已經陰陽兩隔，想要陪伴小朋友是好意，但因此傷到在陽間小朋友的氣場反而不好了。

聽到這裡，表姊越發驚恐，因為師父描述的情境與她家的實際情況絲毫不差。她的小女兒每晚在陽台上的「對話」，也讓這一切顯得更加真實。師父繼續與阿嬤溝通，甚至提到了只有我、媽媽和阿姨才知道的一件事。阿嬤說，阿姨在她過世當天到殯葬業者那裡的時候，就買了豪宅、家電、金條，還有司機、傭人和衣服等紙紮的東西燒給她，而她說對這些禮物很滿意。這個事情確實只有我跟媽媽、阿姨三人知道而已。

當她打電話給阿姨求證時，阿姨證實了這件事。這讓全家人都感到驚訝和敬畏，我們對師父的靈驗深信不疑。這段話讓表姊徹底相信了師父。她完全不知道阿姨送過阿嬤這些東西，師父表示，這些儀式不會強迫收費，屬於功德，但一些燒祭品的成本需要表姊自行負擔，也確認了這個師父可信度，不是來斂財的那種。

接下來，師父建議表姊進行三次儀式，來安撫阿嬤的靈魂，並供奉一些她需要的物品。儀式進行得非常順利，師父在祭壇前與阿嬤的靈魂再次溝通，並告訴她家人已經準備好為她祈福，讓她安心離開，找到屬於她的歸宿。

表姊也向阿嬤承諾，她會好好照顧小女兒，不讓孩子感到孤單，阿嬤聽到後，知道自己這樣是會傷到小朋友氣場的，她已經不適合陪伴她長大，在聽見表姊對孩子的承諾後，阿嬤終於放下牽掛，答應前往她應該去的地方，安心地離開了。

溝通後奇怪的現象不再發生。表姊的小女兒不再半夜醒來，表姊自己也能一覺到天亮。這一連串神奇的事件，讓她對靈異現象從懷疑逐漸轉為相信，雖然她自己並沒有特別的宗教信仰，但經歷了這一切，她無法否認這些事情確實發生了。

回想這段經歷，表姊仍然覺得不可思議。阿嬤的靈魂似乎從未離開過這個家，儘管她已經不在，但她的愛與牽掛，透過這些靈異的方式表達了出來，阿嬤人不在了，還想照顧著那個她最愛的曾孫女。

表姊說，經歷了這件事後，她不再懼怕死亡，反而相信逝去的親人會以某種方式陪伴在我們身邊，守護著我們，直到我們也走向生命的盡頭。表姊不禁思考，或許這世上存在許多我們無法解釋的力量。

這件事也讓我們全家人更加團結和珍惜彼此的陪伴。雖然阿嬤已經離開，但她的存在依舊深深烙印在我們的生活中。她以一種奇妙而溫暖的方式，讓我們感受到即使在另一個世界，親情依舊存在。

這場看似靈異的事件，讓她開始反思生死之間的界限。這種體驗不僅改變了表姊對靈魂世界的看法，也讓她更深刻地理解到生命的無常與珍貴。經歷這一切之後，表姊不害怕死亡的到來，反而相信，愛能夠跨越生死界限，將家人緊緊相連。

直到該年的九月份，表姊終於完成了最後一次儀式。事後，我們在Line上聊天時，我才聽她說出這段故事的完整經過。其實我深感震撼，也讓我萬分珍惜阿嬤對我們的守護。

儘管她已經離開了我們的世界，她的愛與關懷依然如影隨形，默默陪伴在我們身邊。感謝阿嬤，無論在世或離世，她始終牽掛著我們，特別是阿嬤想陪表姊小女兒長大的那種關愛。

我將這段特殊的經歷以「鬼故事」的形式記錄下來，不僅是想要分享這個神奇的故事，也希望能藉此永遠記住阿嬤的牽掛與愛。這或許不僅僅是一個鬼故事，而是對親情的致敬和感謝，阿嬤一路好走。

Part 2 出自朋友之口的鬼魅傳聞

20 書局的女老闆與她的「墜落」

在我們這條寧靜的藝術街，有一家書局的女老闆素來聞名。她的書局坐落在街道轉角，每天門庭若市，人來人往。書局的經營出奇的好，女老闆更因此積累了不少財富。她是一個中年婦女，外貌並不引人注目，皮膚略顯粗糙，輪廓平凡無奇。她結過一次婚，也生育過一個孩子，現已上大學。那段婚姻早已結束，留下滿是空虛的生活與對愛情的無限渴望。

儘管她已經快五十歲，仍然堅信著自己有權追尋幸福與愛。或許，這種執著源自於她多年孤獨的生活，那種渴望被愛與陪伴的感覺不曾消退。某一天，她遇見了一個男人，一個比她年輕許多的男人。他沒有什麼錢，身世平平，卻有著一雙會說話的眼睛，以及一副溫柔的口吻，讓她覺得在這個現實殘酷的世界中，終於找到了一絲溫暖。

那個男人（姑且稱他為阿明），是在書局附近流連的小商販。初見的時候，他向女老闆借了錢，看起來不過是一個落魄的男子，滿嘴甜言蜜語，說自己遇上了些困難，承諾日後定會償還。女老闆被他的話語所打動，慷慨地借了錢，並未料到這是個陷阱。

起初，阿明時不時來找她，不只是為了錢，還常陪她聊天，讓她覺得自己不再那麼孤單。他會帶來一些廉價的小禮物，或是陪她一起在書局裡喝茶，漸漸的，女老闆心中那股多年來冰封的感情開始融化。她開始相信，這個年輕的男人或許是上天送給她最後的禮物，讓她在晚年能夠再次感受到愛。

時間過去，阿明的要求越來越多。他不止一次向她借錢，女老闆總是毫不猶豫地答應，心甘情願地為他付出一切。身邊的人都開始察覺到這段關係的不尋常，甚至有人暗地裡嘲笑她：「一個快五十歲的女人，和一個小白臉混在一起，能有什麼好結果？」但這些議論，她都當作耳邊風。愛情讓她變得盲目，她甘願沉浸在阿明編織的甜蜜夢境裡。

然而，真相總是殘酷無情。某天，女老闆無意間發現，阿明竟然早已有了家庭，並且在外面還有不少亂七八糟的女人。這讓她一度崩潰，她不敢相信，自己這麼多年來信賴和付出的感情，竟然只是一場騙局。這個男人，不但對她說謊，還欺騙了她的心和錢。

她試圖與阿明對峙，詢問他的背叛。可阿明只是冷漠地回應，對她的痛苦置若罔聞。所有的幻想頓時崩塌，她的世界也隨之支離破碎。她感覺自己像一艘無舵的小船，漂浮在絕望的深淵之中，無法找到出路。最後，她在一個陰沉的夜晚，帶著對阿明的最後一絲期望，爬上了自己居住大樓的頂樓。

當夜，雨點無情地敲打著她的肩膀，她站在大樓的邊緣，俯瞰著下面的城市，燈火通明。那些曾經熙攘的街道，如今對她來說，顯得那麼遙遠。她曾在這個城市裡辛勤耕耘，打造了書局的王國，現在，所有的光輝與努力，彷彿都變得毫無意義。她無聲地流下眼淚，然後毫不猶豫地往前踏出一步。

她的身體像破布一樣從天而降，重重摔在冰冷的地面上，然而這場悲劇並未止於此。

詭異靈異現象頻傳

我一位國中同學小偉，他恰巧住在女老闆自殺的對面大樓。兩棟大樓之間隔著一片空地，後來被改建成停車場。他告訴我，自從老闆娘墜樓後，對面的住戶一到夜晚，總會聽到一些詭異的聲音。尤其是他家那排窗戶，正好對著女老闆跳樓的大樓。他在陽台上晾衣服，會不由自主地抬頭往對面望去。

某天夜裡，當他像往常一樣在陽台晾衣服時，他瞥見對面大樓的頂樓，似乎有個人影站在那裡。那個人影的姿勢好像是準備跳樓的樣子。他揉了揉眼睛，再次看過去，人影已經不見了。他當時以為是自己眼花，沒太在意。

然而，這樣的場景開始反覆出現。有時候，他在深夜裡突然醒來，推開窗戶，看到對面大樓的頂樓上，又出現了那個熟悉的身影，正朝著大樓的邊緣走去。每次，當那個人影從頂樓躍下，他都會下意識地屏住呼吸，可是等了幾秒鐘，卻什麼聲音也沒有聽到。

小偉徹底被驚嚇到了。他再也無法平靜，決定告訴他的家人和鄰居。然而，當他向鄰居們說起時，他發現，住在這排大樓的人們似乎早已注意到這件事。有些住戶已經搬走，而那些還留著的人，也在陽台上裝了厚厚的窗簾或遮陽板，把對面大樓的景象完全遮擋起來。

「我不想再看到她了。」鄰居阿姨如此說道，眼神中透露出深深的恐懼。「每次我開窗，都會看到她從樓上跳下來。那種感覺，實在太詭異了。」

小偉也感到不安，決定仿效鄰居，把陽台徹底封閉起來。可是，每當夜深人靜，外面傳來一陣陣輕微的風聲時，他依然能感受到那股難以言喻的寒意。彷彿在那對面的大樓頂樓，女老闆依然在不停地重演她墜落的瞬間，無法得到安息。

這樣的詭異現象持續了一段時間，整個社區的人們終於受不了了。大家決定聯合起來，請來了一位聲名遠播的道士，來為這棟大樓驅邪。那天，社區的人們都站在樓下，眼睜睜地看著道士在頂樓進行法事。他一邊念著經文，一邊撒下符水，彷彿正在與某種看不見的力量對抗。

儀式進行了好幾個小時，直到黃昏時分，才宣告結束。道士說，女老闆的靈魂因為生前的怨恨無法解脫，這才導致她不停地重演自殺的場景。如今，她終於能夠安息了。

自那次驅邪儀式後，小偉好幾個星期都沒有在陽台上看到那個熟悉的身影。鄰居們也逐漸平靜了下來，陽台上的窗簾終於可以重新拉開。

道士驅邪後的幾天，整個社區似乎恢復了往日的平靜。小偉和鄰居們都鬆了一口氣，因為那詭異的景象不再出現。窗簾重新打開，陽台也不再讓人感到毛骨悚然，大家開始認為事情已經結束，以為女老闆的靈魂得到了安息。

然而，這僅僅是一種短暫的平靜

幾周後的一個晚上，小偉和他的家人正準備就寢。他走向早就沒有遮陽板的陽台前要把拉門關上，就在他要拉門的時候，不經易的看向對面大樓的頂樓上，依舊有一個模糊的人影。小偉的心臟幾乎停止了跳動，那……明顯又是女老闆！

他迅速退後了幾步，手中的手機摔落在地。那一刻，他的腦海中閃過一個可怕的念頭：驅邪儀式根本沒有成功，女老闆的靈魂根本沒有被驅散！

恐懼再次籠罩著這個社區。住戶們紛紛搬離，不然就是拿出遮光板或加上窗簾，每當夜晚降臨，寧靜的空氣中彷彿隱藏著什麼不可名狀的東西，那個曾經擁有巨大財富的女老闆，帶著她無盡的怨恨，似乎永遠不會離開。

最終，我的同學小偉與家人也決定搬離那棟樓。離開的那天，他最後一次站在陽台上，往對面的頂樓望去。大樓依舊靜謐，空無一人。但他心裡明白，某個陰影始終存在那裡，等待下一次的現身。

哥哥親眼目睹的靈異畫面

社區的其他住戶也開始抱怨經過那裡時的各種詭異的現象，那個空地本來是我跟哥哥練習打羽毛球的地方，不知從什麼時候開始，哥哥也不想去那個地方練球，跟我說要換場地，當時的我一點也不知道是什麼原因，我在其他故事中曾經提過（參見〈哥哥的靈異經歷〉），哥哥的八字頗輕，而我哥哥的個性就是看到什麼不對勁的東西，都不會輕易的說出口，我知道那是哥哥獨到的「明哲保身」方式。

直到這一次我要寫鬼故事，我問了哥哥，他才形容那個畫面。某一天傍晚，我們去那片空地打羽球，好巧不巧，就在女老闆墜落下來的附近，哥哥正在我對面接羽球，突然「啪」一聲好大聲，當時我問：「什麼聲音啊？」哥哥只說：「我們回家吧！累了不打了。」我們就回家了。

原來那時候哥哥看到女老闆從我後方那棟大樓墜落下來，躺在我身後，我問哥哥到底看到怎樣的畫面，哥哥說：「下來的時候脖子歪一邊著地，手跟腳都折成另一個角度，還歪著頭看著我。」

哥哥是整個近距離看著「女老闆」墜落下來。說著說著，其實我心中對哥哥滿是感謝，謝謝他當時沒告訴我，也很佩服哥哥看到不乾淨的東西，還有那麼震憾的畫面時，竟然可以那麼淡定。

後來那棟大樓時不時有「啪一聲」什麼東西重重掉落到地面的聲音，也有住戶就這樣搬走了。聽聞跳樓過世的人其實原本陽壽未盡，因為提前結束了生命，也許要輪迴到她陽壽盡的那一刻，才不用一直承受反覆落地之苦，我們後來就不去那打球，那個地方現在是該區的停車場，我也沒住那個區塊，已經多年都不曾去打聽了，希望那位女老闆已經脫離那個痛苦的輪迴。

此事件的案外案

寫這個故事的時候，我向哥哥詢問當時他所看到的細節，媽媽在一旁憶起了那段往事，也順便補充了一個令人相當遺憾的案外案。

住在同一排住宅區、不同棟一樓的，是我哥哥的同學一家。這戶人家三人生活並不富裕，那位母親和我的媽媽曾經在同一家公司工作。只是媽媽先換了工作，離開了那間公司。沒想到不久後，公司因為經營不善惡性倒閉，我們才得知，哥哥同學的母親並沒有拿到該有的薪水，也失去了收入來源。

她的丈夫年輕時出過車禍，一隻腳留下了傷，只能在社區擔任警衛，薪水微薄且工作時間長。那位母親失業後，開始在街區裡拾荒回收，有時我們會看到她推著滿滿的回收物在街角徘徊，雙眼透露出一股無奈與疲倦。隨著生活壓力的加劇，事情也朝著悲劇的方向發展。

書局女老闆那次跳樓事件或許也影響到那位母親，跳樓事件不久的某個午後，她喝下了清潔劑，結束了自己的生命。送到醫院時已無法挽救，她的丈夫也因為傷心過度，病情急轉直下，不久後也離世了。

那一排房子從此變得陰森，有一股無形的壓力。哥哥的同學處理完家人的後事之後，把房子給賣掉就搬走了，從此沒再跟我們有聯絡。這排房子的住戶大多都搬走，不然就是空在那沒住人。

這兩起事件成為了當地社區人人知曉卻不願再提的悲劇事件。

21. 無聲的跟隨

我這位朋友自小就擁有「陰陽眼」，這讓他的生活充滿了旁人難以想像的複雜感受。他並不是那種樂於談論這種特殊經歷的人，反而更傾向於保持低調，甚至是忽視眼前出現的靈體。他說，能看見不代表他一定要與祂們互動，這幾乎成了一種自我保護的本能。對於大多數人來說，生活是由看得見的事物構成的，而對他來說，卻經常伴隨著那些看不見的存在。

這樣的生活並不容易，但他早已習慣。當他遇見他現在的妻子，是一位在急診室工作的護理師，他決定不把這部分的自己帶入婚姻。他妻子是個極為理性的人，雖然有時她會聽到一些靈異的故事，但她更相信科學與事實。她總是說：「我們每天在醫院面對的是肉體的脆弱，而心靈的堅強才是最重要的。」這句話似乎成了她對待工作的座右銘。

那天，她疲憊地從急診室回到家中，脫下沉重的外套，試圖讓自己放鬆下來。她的工作日復一日充滿了挑戰，尤其是在疫情期間，急診室總是擠滿了病患，生死交替幾乎成了每日都要面對的日常。而她剛剛照護的那位阿嬤，讓她特別牽掛。阿嬤臉上寫滿了對死亡的抗拒，手中握著的那件老舊的黃針織衫更顯得她孤單無助。

然而，就在她剛進門的時候，家中的寶寶突然大聲啼哭起來。起初，她以為是寶寶餓了或不舒服，便習慣性抱起來哄著。但寶寶卻依舊不停地哭鬧，目光似乎盯著空氣中的某個角落，彷彿在害怕什麼。這讓她心頭一緊，隨即抬頭看向她的丈夫。

朋友凝重地看了看她，然後平靜地說出一句讓她背脊發涼的話：「有個穿著黃針織衫外套的阿嬤跟妳一起回來了。」

護理師的手微微顫抖了一下。那件黃針織衫，分明就是她剛離開醫院前，還在照顧的那位阿嬤所穿的！她心中一陣不安，卻努力鎮定自己。

或許這只是丈夫的敏感而已，畢竟他常看到一些不尋常的東西，她不希望這件事情影響到寶寶。作為一個科學信徒，她寧可相信一切都有合理的解釋。

然而她也知道，醫院是生死交替之地，靈魂或許有時無法一下子適應這種轉變。她無法看見靈體，但她能感受到那股冰冷的氣息籠罩在她周圍。她輕輕地將雙手合十，心中默默祈禱，祝願那位阿嬤的靈魂能夠平安去到她應該去的地方。

對於她丈夫來說，這並非是他第一次看到靈體，也不會是最後一次。但這一次不同的是，這靈體的存在直接影響了他的家庭。寶寶的哭鬧讓他感到責任重大，於是他當下決定把孩子送到自己母親家中，確保家裡的氣氛不會繼續影響到孩子的情緒。

「我得保護我的家人。」他心裡想，這種保護的本能讓他選擇了不與阿嬤的靈體正面交鋒。他知道，靈體並不一定是惡意的，有時候祂們只是在尋求安慰和理解。這位阿嬤，或許是對護理師心存感激，甚至尚未意識到自己已經離開了人世。

阿嬤的過世並不意外，醫生早已預測到她可能撐不過這一夜。她生前住在一個偏僻的小鎮，家人來看她的次數寥寥無幾。即使如此，她在臨終前仍強烈地渴望活下去，或許是對自己未完成的事情心存牽掛，或許只是害怕孤單地離開這個世界。

黃針織衫是她的心愛之物，這件針織衫是她年輕時親手織給自己外孫女的，而外孫女已長大成人，生活忙碌之下，幾乎無暇探望她。阿嬤每次躺在病床上，雙眼無神地盯著天花板時，總是輕輕摸著這件針織衫，彷彿它是她與這個世界最後的聯繫。

或許是這份未了的牽掛，讓她在生命結束的片刻，依然跟隨著那位在生前細心照顧她的護理師，回到了對方的家中。對於阿嬤來說，這位護理師的關愛或許是她在病中僅存的安慰。

第二天，護理師回到醫院，得知了阿嬤在夜間離世的消息。她心中默默想起昨晚發生的事情，雖然無法完全理解或相信這樣的靈異現象，但她心底升起了一絲釋然。或許阿嬤已經知道自己走了，也許她現在找到了自己的歸宿。

那天晚上，丈夫再也沒有看到那位阿嬤的靈體，而家中的寶寶也平靜下來，不再莫名其妙哭鬧。儘管一切看似恢復正常，但這次的經歷仍深深地烙印在他們心裡。

經過一番商量，他們決定在租約到期後搬離這個地方。不是因為害怕，而是這一切似乎給這個家帶來了一種難以言喻的不安。他們希望能夠有一個全新的開始，一個不被靈異經歷影響的生活。

對於我這位朋友來說，靈體的存在是日常，但對他來說，這件事教會了他另一件重要的事：不論生者還是亡者，都需要善意與尊重。而對護理師而言，這次經歷或許讓她重新審視了生命與死亡的界限，讓她在未來的工作中更加敏銳地感知那些即將離去的靈魂。

22 十三猛鬼屋的詛咒：設計師朋友一家租到鬼屋

這是一位我認識超過十年的設計師朋友，親身經歷的真實靈異事件。當他第一次向我講述這段經歷時，那種驚悚與詭異的細節深深震撼了我。整個過程充滿了無法解釋的現象與難以承受的壓力，讓人不寒而慄。因為實在太過恐怖，我決定將這段親身見證忠實記錄下來。以下便是他的完整敘述。

不知者被迫有罪：待上演的詭異徵兆

我是一名設計師，經營著自己的工作室。當初我和老婆因一個設計案而結緣，後來她成了我的小助理，相戀不久就甜蜜組成了家庭。剛結婚不久，兩人滿懷著對未來生活的希望，計劃一同打拚，開創屬於自己的未來，因此搬進了我們家長期租住的老房子。

在這棟房子我和家人已經住了好幾年，表面上看似一切正常，但隨著時間推移，黑暗的力量漸漸蠢蠢欲動。

自從住進這間房子後，事業和生活開始出現了一些奇怪的跡象，原本風平浪靜的日子，逐漸被一絲絲的不安所取代。

工作室的生意逐漸變得不順，訂單變少、設計案一再被客戶修改，甚至在印刷時頻頻出現無法解釋的問題。

例如印製T恤的稿件，初版設計稿打印出來的時候，樣本已跟客戶確認完全無誤，就要開始印製商品，結果印出來多達萬元的商品竟然是錯誤的，但明明樣本就沒問題，也是同一家廠商印製，請求廠商賠付款項，當廠商將印製的設計圖本打開，竟發現是錯誤的樣版，即使事前已再三確認設計稿，最終成品仍與原本的樣本不符。最後，我自己只好負擔了商品重印的費用，然後重新印製一批正確的商品，為公司的信譽賠付了幾萬元的費用，等於這筆生意倒貼完全沒賺。

起初我們夫妻倆以為這僅是生意上的困難期，但隨著事件不斷累積，壓力與不安開始籠罩在生活之中。

導航搜尋誤區：朋友、客戶都找不到住家的正確位置？

某天，我們夫妻倆邀請一位客戶朋友到家裡參觀。朋友按照導航開車前來，結果他們在我家附近繞了好幾圈，始終找不到這棟房子。朋友焦急地打電話詢問：「我怎麼找都找不到你們家，導航說我已經到了，可我周圍什麼都看不到，你們家到底在哪裡？」

我疑惑地走出家門，親自去接朋友。然而，我家明明就在一棟非常好找的地標建築旁，當朋友跟隨我來到家門口時，突然臉色蒼白，步伐不穩，直直地站在門外，不太想進屋。他低聲說：「感覺有點不對勁……」語氣中充滿恐懼，彷彿門內有什麼無形的力量，結果我們只是站在門口聊了一會兒，始終沒有踏進家門，之後見面也只能約附近的商店談事情。

這樣的怪事並不只發生一次。某天，一位貨運司機送貨上門，電話裡疑惑地說：「你們家鐵門關著，沒人應門，是不是不在家？」然而，當時我們夫妻倆明明都在家，鐵門和玻璃門都敞開著，屋內燈光通明，兩人正在忙著工作。這樣詭異的現象愈來愈頻繁，每次都讓我們倆夫妻心生疑惑與不安。

這些不安很快地從事業蔓延至生活中。接著設計案接連錯失，客戶毫無預兆地取消訂單，甚至消失無蹤。印刷上的錯誤更是一次又一次地出現，就像有一雙無形的手在背後操縱著一切，讓一切陷入混亂之中。

詭事的影響：對家庭與工作造成諸多迫害

不僅僅是工作，家庭成員的健康也開始出現問題。我的父母親也開始無緣無故感到身體虛弱，我們夫妻也時常感覺到莫名的疲憊，甚至有幾次感到胸口壓迫，彷彿房子裡有一股隱隱的壓力，讓空氣變得沉重、難以呼吸。

在這段艱難的時光裡，我們的生活陷入了困境。正當一切看似毫無出路時，這時妻子的娘家突然傳來消息，妻子的二哥剛迎來了新生兒，希望我們能夠幫忙他帶小孩，並表示會給我們酬勞作為回報。

經過幾番考慮，我們決定搬回妻子的娘家居住，並將工作室暫時設在那裡。這個搬遷的決定，似乎為我們的生活帶來了一絲曙光。隨著時間的推移，生意逐漸回暖，我們一共在那裡度過了兩年的時間。孩子在兩歲時開始上幼幼班，讓我們得以喘息。

隨著日子一天天過去，妻子再次懷孕的消息也在我們家族之間流傳開來。隨著家庭的變化，我們開始考慮是否應該搬回那間久違的房子，因為母親也希望我們能回去照顧她。再次返回那棟充滿回憶的房子，我們心中不禁浮現出重拾夢想的希望，卻不知，這次的回歸引發一連串恐怖的怪事。

猛鬼屋的招喚：再度搬回家中

回到這個舊家異常情況更加劇發生，我們夫妻倆終於意識到問題並不簡單。事情的轉捩點發生在一個夜晚，我的舅舅突然提出要來家中借住一段時間。舅舅是家族中的一名太子乩身，擁有某種特別的靈感和力量。他一到我家，便露出凝重的神色，語氣嚴肅地告訴我們：「你們一定要保護好肚子裡的孩子，不可以有任何差池。」

這句話讓我們心頭一緊，想知道舅舅是否察覺到了什麼，畢竟他一向不輕易說這樣的話。舅舅的警告意味深長，讓屋內的氣氛變得越發詭譎。

然而，事情並沒有好轉。我們夫妻倆想試圖另闢財源，學習製作手工蛋捲，想要靠這個新手藝打開財路。最初，蛋捲的製作過程非常順利，親友試吃後也給出好評。可一旦開始正式接訂單後，奇怪的事情再度發生。明明蛋捲的配方與製作流程完全沒有變動，卻怎麼做都無法成功。不是溫度莫名失控，就是味道詭異，甚至連成形都無法完成。訂單接踵而來的取消，更是讓我們陷入了深深的絕望。精神狀態也因此變得脆弱，家中的壓力、事業的不順、生活中的詭異現象，每一件事似乎都指向一個不可忽視的真相：這間房子有問題。

怪異的陰影：孕期奪舍危機

這一切的開始都在老婆懷第二胎的時候。當時，她的一位好姊妹建議我們去埔里找一位神明，說那裡每個禮拜都有辦事的儀式，可能會幫助我們解決一些困難。不過，老婆對此並不相信，因為現今社會宗教詐騙的消息屢見不鮮，誰也不願輕易上當。於是這個建議暫時被擱置在她的心裡，也沒告訴我。

當時，我們日夜忙碌，白天到老婆娘家帶小孩以及工作，晚上的時候我們會回家製作蛋捲和柚子醬。然而，只要回到家裡，一切都變得不順，總會發生一些怪異的事情。與之形成對比的是，在老婆家中一切都很順利。這種不對勁的感覺逐漸讓我們心生疑慮，似乎有一股無形的力量在家中作祟。

有一天，我忍不住對老婆說：「我們必須正視這個問題，可能真的需要找師父來看看。」老婆聽了沉默片刻，終於說出了心裡隱藏許久的事情。她告訴我，其實她的朋友早就建議可以找那位神明來看看，說不定能幫我們解決問題。

聽完後，我毫不猶豫地說：「馬上幫我報名，我們一定要過去處理。」

那天晚上，我們動身前往埔里。神明的儀式是在晚上六點開始，但我們到場後一直等到午夜。老婆挺著大肚子，坐在椅子上疲憊不堪，然而心中的疑慮讓我們不敢輕易離開。

終於，輪到我們了。神明降駕後，第一句話就讓我們震驚：「一路跟你們過來的孩子是誰？」

我和老婆愣住了，神明提到的孩子究竟是誰？我們小心翼翼地回答：「是我們第一個流掉的孩子嗎？大概三、四個月。」

神明卻搖頭：「不是！」他比劃了一下孩子的身高，大約是六、七歲大小，約一米高的樣子。

聽到這裡，我們完全懵了，因為我們並沒有想到會有這麼大的孩子跟著我們。神明的神情變得嚴肅，他請我們先坐在一旁，接下來會與那個孩子進行溝通。我們被要求不要出聲。

溝通的過程中，氣氛變得越來越緊張，神明與那孩子之間的對話逐漸升溫。忽然，神明告訴我們：「那孩子竟然囂張的對神明說：『你多管閒事！要不是你阻擋，再過幾天那肚裡的孩子就是我了！』」聽到這話，我和老婆的心猛然一沉。

神明接著說：「祂說，祂要當你們的孩子，也會孝順你們。」

我們毫不猶豫地回答：「不行！」孩子奪舍這個概念讓我們毛骨悚然，而神明也告訴我們，幸好我們今天來了，否則再過幾天，那個孩子可能真的會奪走我們肚子裡的孩子，讓我們的孩子生出來後成為一個殘缺不全的生命。

神明與孩子的溝通並不順利，談判破裂後，神明最終震怒，當場把孩子收了。

事情處理完後，神明問我們：「你們在那裡住了多久？」我回答：「已經住了十三年多了。」

神明接著告訴我們，那孩子等待了很久，才終於等到一個男嬰，而我們住的地方已經成為一個組織，裡面有十三個靈體。祂們平時在樓上樓下走動，時好時壞地影響著我們的生活，讓我們享受片刻的順遂，隨後再玩弄我們，因為我們占據了祂們的地盤，而祂們早已住在那裡很久了。

在這之後，神明交代了我們一些事情，告訴我們回家後不可以說話，直到太陽升起。我們依照指示回家，當晚不敢關燈。凌晨一點多，老婆忽然感覺到腳被拉住了，她清晰地聽到一個男人低沉的吼聲，抱著肚子不敢睡覺。

天亮後，我們處理完神明交代的事情，並且用靈符淨化了整個家，這才勉強將剩餘的十二個靈體趕走。

信仰與命運的交織

經過了那些驚心動魄的事件，我們終於迎來新的開始。二寶即將出生，丈母娘建議老婆回娘家待產，也讓我們得以靠近醫院方便照料。幾個禮拜過去，我們迎來了第一個男孩，那是我們家中新生命的象徵。而在這段期間，我們不僅得到了神明的庇佑，生意也開始逐漸好轉，客源穩定，搬家所需的資金也慢慢積攢起來。

離開那間住了十三年的「猛鬼屋」後，我們一家人的生活也重新開始，彷彿那段陰霾隨著搬遷一同散去。為了感謝神明的幫助，我和老婆決定盡力照顧那些有著類似經歷的人，作為報答神恩的方式。

回想這段歷程，我們才恍然大悟，當初舅舅再三叮囑我們要保護好孩子，原來他早已看出了異象。舅舅是一位太子乩身，在那段時間裡默默保護著我們的孩子，但因為天地人神各有法則，他無法直接介入解決，只能守護。直到事情處理妥當，舅舅也遠離了我們的生活。

這一切，讓我們對看不見的世界和命運有了更深的理解，也對神明的恩惠充滿了感恩。雖然過程驚險，但最終我們得到了屬於自己的平靜和幸福。

紀念 王岳朋

本篇故事的主角，是我認識超過十年的好友、設計師王岳朋。他是一位對生活與創作充滿熱情的人，經營著自己的「恆鑽時尚設計工作室」，在設計這條路上不斷鑽研、耕耘，留下許多令人讚嘆的作品，也留下溫暖的回憶給身邊每一個人。

這篇靈異故事，是他親口向我訴說的眞實經歷。當時他描述得十分冷靜，但字裡行間卻充滿對家人的保護、對命運的思考，和對無形世界的敬畏。當我聽

王岳朋幫孫以恩設計的Q版造型公仔圖。

完後，便決定將它記錄下來，因爲這不只是一起靈異事件，更是一段來自生命深處的見證。

二〇二五年二月二十七日，岳朋因主動脈剝離病發，突然離世，享年三十九歲。我們曾一起熬夜趕稿、討論靈感、聊設計，也聊人生。他的離開至今仍讓我難以接受。

在我與主編討論後，我們決定保留這篇故事的原貌，並在此寫下這段紀念文字，讓讀者知道這背後的人是眞實存在的。他不只是故事的敘述者，也是生命裡閃閃發光的一顆恆鑽。

願他的創意、勇氣與愛，繼續在另一個世界延續。

——孫以恩 敬誌

23 好客阿嬤請吃飯

今天要說的這個故事，是我國中一位女同學告訴我的，發生在農曆七月鬼門開的那一天。

她說，當天她騎著摩托車，沿著大雅路一路騎向都會公園的方向，來到了藝術街。那條路她很熟悉，經常走，她媽媽時常提醒不要騎那條路，雖然騎那條可以省下非常多時間，但在農曆七月，千萬不要走那個路段。

我朋友根本沒在聽，即使她每次經過時心裡總有些毛毛的。這段路會經過一座老舊的軍營，還有幾座台灣早期打仗時留下來的防空碉堡。這些碉堡至今依然矗立著，彷彿守護著那些早已沉寂的靈魂。

這一區的防空碉堡傳聞不少，許多靈異節目和 YouTube 頻道主都曾到此拍攝，關於這一帶的傳聞，常讓人聽了不寒而慄。沿途的亂葬岡也是一片令人避之不及的荒涼，野草肆意生長，荒草間偶爾還會看見一些破敗的墓碑。

就在她找完朋友準備從藝術街回家時，沒想太多的她回程也選擇了騎這條較快到家的路，平時這條路已經夠讓人心裡發毛，但那天的感覺更不尋常。

天空的顏色比平時昏暗許多，雲層低沉，像是隨時要壓下來，壓得她胸口悶悶的。這讓她下意識加快了油門，當時已經傍晚五點了，在騎向都會公園的路段前停紅綠燈時，忽然看見對面有一家修車廠。

修車廠外擺著一張供桌，桌上滿滿的供品，香火繚繞，煙霧不斷向上攀升，幾乎凝成了淡淡的影子。這情景讓她感到奇怪，因為供品擺放得像是中元節的祭拜，但那天離中元節還有幾天。她本能地覺得這裡有些不對勁，目光不自覺地在供桌上掃過。

就在這時，她注意到供桌旁邊的長凳子上面，坐著一位老阿嬤。阿嬤低著頭，動作極快地吃著供品，似乎很餓，動作有些急促。遠遠看去，她覺得阿嬤的動作有些怪異，但心裡沒多想，只當是阿嬤餓了等不及拜完就先開動了。畢竟老人家，有時確實會這樣。想到這裡，她稍稍放鬆了一些。

綠燈亮了，她準備騎車通過那個十字路口。然而，當摩托車慢慢駛近供桌時，異樣的感覺突然加重了。她的視線下意識又瞥向那位阿嬤，這一次，她發現阿嬤的身體竟然有些不對勁！她本來以為阿嬤坐在長凳上，可再一看，才發現阿嬤根本不是坐著，她竟然是盤腿懸在半空中的！

那一瞬間，她的心猛地一沉，整個人僵住了。阿嬤的動作依然很快，她的手裡也沒有拿著筷子，而是像一隻野獸一樣，直接用吸的方式，把碗裡的食物吸進嘴裡、鼻子裡。阿嬤的動作僵硬而詭異，彷彿時間在她身邊靜止了一般。摩托車引擎的轟鳴聲變得遙遠，周圍的空氣突然變得冰冷刺骨。

就在她還在發愣的時候，那位阿嬤忽然停下了手中的動作，緩慢地抬起頭來。朋友說，當她看到阿嬤的臉時，心裡的恐懼瞬間達到了極點。阿嬤的眼睛是空洞的，兩個黑洞似的眼窩，深不見底。她的嘴角揚起一抹詭異的笑容，彷彿整個人根本不是在吃東西，而是在等待什麼。那笑容冰冷滲人，令人不寒而慄。

朋友被嚇得魂飛魄散，她猛地加大油門，飛速駛離那個地方。但那雙空洞的眼睛和詭異的笑容，依然深深印在她腦海中。無論她怎麼想甩掉這些畫面，它們仍如影隨形。

更讓她感到毛骨悚然的是，就在她騎車經過那個修車廠時，無意間瞥見店裡掛著一張照片，照片裡的正是那位阿嬤！這時她才恍然大悟，那位阿嬤根本不是一個活人，而是一個已經去世的人！而外面的所有的菜，正是在祭拜阿嬤的供品。

當天晚上，我朋友回到家，感覺自己精疲力竭。她躺在床上，閉上眼，卻怎麼也無法入眠。每當她快要入睡時，那位阿嬤的笑臉就在她腦海中閃現，還有那雙空洞的眼睛，像是無聲的呼喚，令她產生了無比的恐懼。在恐懼中她累的睡著了，接下來的三天裡，這個詭異的夢反覆出現，每一次夢裡，阿嬤都坐在供桌旁，招呼她：「來啊，來我家裡吃飯……我請妳吃飯，來我家玩啊。」

她把這件事告訴媽媽後，媽媽雖然生氣地責備了她一頓，但也知道於事無補，家裡的人馬上帶她去廟裡收驚。廟裡的法師做完法事後告訴她，那位阿嬤剛去世不久，生前是個非常好客的人，總是喜歡邀請人去家裡吃飯。據說，我朋友就是在騎車經過她家時，和她對上了眼。這次，阿嬤也只是想請她去家裡作伴，看能不能做個「忘年之交」，於是天天去我朋友的夢裡邀請，法師燒了很多冥紙，跟阿嬤溝通好幾回，告訴阿嬤他們是陰陽兩隔，所以好意心領了，最後為了安撫阿嬤的靈魂，我朋友燒了一些東西送給阿嬤，這才讓好客的阿嬤安息，並且也謝謝阿嬤的熱情邀約，後來這位好客的阿嬤就沒在夢裡要請我朋友吃飯了。

自那之後，我朋友真的再也不敢走那條路了。每當她想起那位阿嬤，心裡總會感到一絲無法言喻的寒意。我安慰了朋友，可惜沒能早點提醒她，因為這條路在我們這一帶可是出了名的神祕地帶，雖然沿路風光無限，晚上也有夜景，但關於這個區域的靈異傳說可說是一籮筐，講上三天三夜都說不完。

這個事件也提醒著我們，媽媽的話真的要聽，當媽媽告誡你在靈異地帶千萬不要亂來時，那絕對不是隨口提醒，而是出自真心的關切，我們總是非常任性大而化之，直到親身經歷像我朋友那樣的事件，才會真正體會到，媽媽對孩子的叮嚀，多半都是出於用心良苦。

最後當然我代表台中人，歡迎大家來台中「都會公園」這區玩，只要你不怕，怕的就不是你所怕的。正所謂，不怕一萬只怕萬一，萬一這裡有一萬個鬼，或是萬一你沒遇到也是很好玩的不是嗎?就像你不尷尬，尷尬的就都是別的鬼。

24 午夜加油站

這是我聽一位在開計程車的朋友說的真實恐怖經歷。

在台灣南部的某條偏僻山路上，有一個度假村，人跡罕至，用導航可以找到，但因為在山路上，不一定能準確標示它的位置。這裡沒有便利商店，也沒有任何休息區，是一條很長很遠的路。

張翔（化名）是一名計程車的司機，為了多賺點錢，他總是選擇跑夜班。那天夜裡，張翔剛完成了一趟載客，從市區載客到那個偏遠的度假村。他在回程的路上發現油量已經快見底了，於是決定沿著山路找個加油站補充油料。當他開入那條昏暗無燈的山路時，四周一片寂靜，只有輪胎輾過路面的聲音伴隨著他。

在下山途中快到達半山腰時，他看到前方有一座加油站的招牌亮著微弱的光。張翔心中鬆了一口氣，心想再往前走應該能找到加油站，於是他加快了速度，還很慶幸在這樣的偏遠地方竟然有加油站，心想「就到了」。

幾分鐘後，車子開入了那座破舊的加油站。這裡的燈光十分昏暗，顯得有些不真實。四周靜得讓人毛骨悚然，空氣中瀰漫著一種潮濕的霉味。油泵的機器似乎已經很久沒有維修，生滿了鏽斑，牆上的油漆也剝落得不成樣子。站棚下只停著一輛破舊的小貨車，看起來像是壞在這裡多時了。

張翔下車，四處張望卻沒有看到任何人。他走到油泵旁，剛要自己加油時，突然聽到身後傳來一聲低沉的「先生，需要幫忙嗎？」

張翔嚇了一跳，猛地轉身，只見一名加油站的工作人員正站在不遠處，臉上掛著一抹僵硬的微笑。那名工作人員身穿一件已經變黃的舊制服，頭髮零亂，臉色異常蒼白，雙眼無神地盯著他。

「啊！那個，我想加滿油。」張翔忍著心中的不安，點了點頭。

工作人員沒有說話，默默走到油泵前，開始替他加油。過程中，張翔感覺到四周越來越不尋常。儘管風聲不大，但整個加油站裡似乎沒有一絲聲音，只有油流進油箱的滴答聲。

加完油後，工作人員依舊保持著那僵硬的微笑。「好了，先生，總共一千元，晚上了我們這裡要現金喔。」張翔打開他的皮夾，除了百鈔之外，剛好一張千鈔！

張翔付了錢，匆匆道謝後便上車準備離開。然而當他啟動車子時，發動機卻傳來一陣怪異的聲音，車子居然無法發動。他再次轉動鑰匙，卻只聽到引擎卡卡作響，沒有任何反應。

「不會吧，這車才剛修過！也不是沒油了，剛加滿不要鬧了喔！」張翔皺著眉頭低罵道。他正準備下車檢查時，突然看到加油站工作人員依舊站在油泵旁，臉上的微笑似乎變得更加僵硬。他那雙無神的眼睛依舊緊緊盯著張翔。

「車子有問題嗎？」工作人員開口了，聲音低沉得有些不自然。

張翔強壓下心中的疑慮，回答：「是啊，好像發不動了。」

「不如……您稍等一下，我幫您看看。」工作人員走上前來，臉上的笑容顯得有些詭異不自然。張翔本能想要拒絕，但眼看車子無法啟動，又別無選擇，只能點了點頭。

那名工作人員繞到車頭，打開引擎蓋，開始檢查。然而，張翔坐在駕駛座內，心裡卻越發不安。他從後視鏡中隱約看到，那名工作人員低頭檢查的動作十分怪異，彷彿根本不懂機械維修，只是隨意摸索。

突然，工作人員停下了動作，緩緩直起身子，朝張翔的方向走來。他的動作不像剛才那樣流暢，反而變得有些僵硬。張翔感覺背後一陣寒意竄過，忍不住抖了一下。

「車子……沒問題的。」工作人員走到車窗旁，用低沉的聲音說道。「先生，可以走了。」

張翔本能覺得不對勁，內心不斷告訴自己快離開這裡。他再次試圖發動車子，這次，車子居然奇蹟般地運轉了起來。張翔不敢再多做停留，迅速掛上檔位，踩下油門，加速駛離了加油站。

車子飛速行駛在漆黑的山路上，張翔心裡還在咀嚼剛才的怪異經歷。突然他聽到有人叫他的名字，當他看向後視鏡時，驚訝地發現，那座加油站的燈光已經消失得無影無蹤，就像從未存在過一樣。猛的一回頭，他看向駕駛座前方的畫面時，突然眼前一陣黑。當張翔再次睜開眼睛時，眼前不再是那詭異的山區路段，而是一片刺眼的白光。他眨了眨眼，逐漸意識到自己身處一間病房，鼻腔裡充滿了濃濃的消毒水味，耳邊傳來機器滴答作響的聲音。

「你醒了？」一名穿著白袍的醫生出現在他視線中，帶著和藹的微笑。

「我怎麼了？」張翔聲音沙啞，頭腦依然有些昏沉。

「你出車禍了，路過的人發現你時，你的車子撞在護欄上，已經昏迷了好幾個小時。你非常幸運，只是一些輕傷、挫傷，沒有骨折，休息幾天觀察腦震盪的部份，若沒事就可以出院了。」醫生回答道。

張翔腦海中湧出零散的片段，那座加油站、詭異的工作人員、無法發動的車子，一切真實的像是在眼前，卻又那麼遙遠。他努力回想當時的情況，卻無法理清思緒。

「不對……我記得……我在加油站加油……然後……」張翔低聲自語，喃喃地回憶。

醫生看著他，輕輕拍了拍他的手臂。「也許是撞擊後的腦震盪影響了你部份記憶，別擔心，這是常見的情況。你需要好好休息，不要亂想，能活著是不幸中的大幸。」

張翔皺起眉頭，心中不安的情緒越來越強烈。他確實記得自己遇到了那座加油站，還有那名古怪的工作人員，但這一切，怎麼可能只是幻覺呢？他總覺得那不是簡單的車禍，隱約覺得有什麼更加恐怖的事情發生過。後來翻找自己皮夾確認，真的少一千塊。

一個星期後，張翔出院了，但他心中的疑惑始終無法消散。當朋友開車載他再次經過出事的那條山路時，張翔忍不住四處張望，想找到那座加油站的位置。他不斷尋找著那熟悉的標誌和加油棚，可整條路上，什麼也沒有連一座廢棄的建築物都不存在。

「你在找什麼？」朋友疑惑地問。

「那座加油站……我記得它應該就在這裡……」張翔語氣中帶著不確定。

朋友聽後，愣了片刻，才開口說：「這條路上沒有加油站啊。其實，我經常走這條山路，這裡從來沒有過任何加油站。」

張翔瞪大了眼睛，呼吸變得急促。「不可能！我明明就在那裡加過油，還有一個工作人員……」他的語氣變得有些慌亂，似乎在試圖說服自己。

朋友搖了搖頭，臉上露出困惑的神情：「真的沒有。或許你那天撞車後產生了錯覺，腦袋被撞後人很容易混亂。」

張翔無法接受這個解釋，但事實擺在眼前，那座加油站，無論他多麼用力回想，似乎都只存在於他模糊的記憶裡。越想越讓他感到心驚，他不敢再繼續深思，只能強迫自己平靜下來。那日皮夾剛好剩的一張千鈔不見了，百鈔都在，付去哪了？如何解釋？

直到他告訴我這個故事時，他始終無法完全確定自己所處的是夢境還是真實，那個加油站用導航找查也找不到，但是我們都慶幸這位朋友在車禍中倖存了下來。

25 鬼話連篇：那晚的低語

大學那幾年，大家常常聚在一起分享各種奇怪的經歷，鬼故事總是最熱門的話題之一。我大一的時候認識了一個讀二技的學姐說，她在之前讀的專二學校的宿舍裡經歷了一些至今難以解釋的事情，事情發展得離奇詭異，令人不寒而慄。即便她講得輕描淡寫，但每次我回憶起這個故事，都讓我感到一股無法形容的寒意。

事情發生在她專二那年，當時她和三個女生同住一間四人宿舍。宿舍樓是一棟建於八十年代的老建築，牆上斑駁的灰漿，天花板上老舊的吊扇，每當風起時發出吱吱嘎嘎的聲音。宿舍後面原來是一片小公園，但那裡已經荒廢多年，雜草叢生，半倒的遊樂設施在夜裡看起來像扭曲的鬼影。夜晚時，風吹過那些破舊的設施，發出低沉的嗚嗚聲，讓她們四個人都不禁心裡發毛。

剛搬進宿舍時，她們並沒有覺得有什麼不對勁，夜裡的怪風聲也只當是老舊建築的問題。但漸漸地，一些無法忽視的怪事開始接連發生，讓她們不得不重新思考這間宿舍背後是否有些不為人知的故事。

以下是學姊小莉口述故事的經過：

怪聲初現

有一天晚上，我與三個室友小芳、小潔和小玲正準備入睡。那晚宿舍裡異常悶熱，風扇吹出的風根本沒讓她們感到一絲涼意。我躺在床上，試圖閉上眼睛進入夢鄉，但無論怎麼翻來覆去，耳邊總是若隱若現地傳來一些奇怪的聲音。

那聲音聽起來像是低語，斷斷續續，時有時無，彷彿有人在遠處輕聲交談。起初，我以為是樓下有誰在半夜偷偷講話，但仔細聽了一會兒後，才發現那聲音來自窗外。而窗外，正對著那片荒廢已久的小公園。

當時我皺起眉，悄悄坐起來，拉開一條窗簾縫隙向外看去。夜色中，荒地靜悄悄的，遊樂設施在月光下顯得更加詭異，然而什麼人也沒有。但那低語聲依舊存在，像是從風中飄來，又像是某種無形的存在在暗中悄悄窺視著我們。

「妳們聽到了嗎？」我輕聲問其他人。

小芳翻了個身，皺著眉回應：「什麼？」

「外面……好像有人在講話。」我壓低了聲音，指了指窗外。

小潔和小玲也被驚醒了，三個人紛紛坐起來，靜靜地聽著。果然，那低語聲依舊持續著。這時候，小玲突然打了個寒顫，「別開窗……我感覺好像有什麼東西在那裡。」

我想安慰她們，也想安慰自己，但心底的那股不安卻越來越強烈。我們四個人都不敢再出聲，依偎在彼此的身邊，試圖讓心跳恢復平靜。那晚，我們都沒有睡好。

敲門的聲音

隨著低語聲的頻率增加，怪事變得更加明顯。幾天後的一個深夜，敲門聲突然響起。這一次，聲音響亮而急促，彷彿有人急於進入我們的房間。

小潔最先聽到，驚醒後立刻叫醒了其他人。「妳們聽！有人敲門！」她壓低了聲音，瞪大眼睛看著門口。

其他三人被叫醒後，一開始以為是保安來查房，但仔細一聽，敲門聲不太對勁。那聲音並不像普通的敲門聲，而是急促的、混亂的，好像是有人拚命拍打著門。我們四個人緊張地對視了一眼，沒有人敢去開門。

「誰會這麼晚來敲門？」小芳輕聲問道，語氣裡充滿了疑惑和恐懼。

「別開門……別動！」小玲再次低語，聲音顫抖不已。她的直覺一向很靈，尤其是對這種神祕莫測的事情。

敲門聲持續了幾分鐘，然後突然消失了。房間裡一片死寂，彷彿剛剛的一切只是幻覺。然而，我們知道，那不是幻覺。心裡的陰影變得更加揮之不去。

第二天，我們試圖打聽，看看是否有人來過宿舍，或其他同學是否聽到了敲門聲。但無論是保安還是鄰近的室友，都沒有人知道有這麼一回事。這種無法解釋的現象，讓我們越來越恐懼。

惡夢連連

事情並沒有就此停止，反而變得更加怪異。某天晚上，我做了一個惡夢，夢裡看見自己站在宿舍後面的荒地上，空氣中彌漫著一股腐朽的氣味。我在夢中看見一個模糊的身影站在遠處，背對著我，影子纏繞在遊樂設施旁，彷彿在等待著什麼。

那個身影逐漸轉過身來，但無論我怎麼努力都無法看清那張臉。我的心跳加速，想逃卻無法移動，整個身體像是被某種無形的力量束縛住了。突然，那影子朝我走來，步伐僵硬而急促。我能感覺到恐懼湧上心頭，呼吸變得困難。就在那身影即將觸碰到我的時候，我驚醒了，冷汗浸透了整個背部。

我驚恐地發現，我不是唯一做這個夢的人。小潔和小芳也曾經描述過類似的情境，夢裡她們都看見過那個模糊的影子。每次夢醒後，心裡的恐懼總是無法抹去，似乎那個夢境和現實之間的界限越來越模糊。

最終的恐懼

那天晚上，我們四個依舊輾轉難眠。外面的風吹得越發猛烈，樹葉在狂風中哀鳴，彷彿在預示著即將來臨的災難。宿舍裡的每一個陰暗角落都顯得異常深邃，讓人感覺有東西藏匿在黑暗中，伺機而動。

半夜，敲門聲再次響起。這次聲音沉重而急促，彷彿有一股強烈的力量試圖打破門板。每一次撞擊都讓我們的心跳加速，整個房間彷彿籠罩在無形的恐懼之中。

「不行了，這次真的不能再無視了⋯⋯」小玲的聲音顫抖著，她的手緊緊抓住被子，眼神中充滿了驚恐。

小芳強迫自己站起來，深吸了一口氣，朝門口走去。「不行，我受不了了，我得看看是什麼東西！」她大聲說，儘管語氣中滿是害怕，但她還是咬牙朝門口走去。

當她靠近門時，敲擊聲戛然而止。整個世界瞬間陷入一片死寂，只有她微弱的呼吸聲迴盪在耳邊。她的手顫抖著握住門把，然後猛地拉開了門。

門外什麼也沒有，只有長長的走廊，昏暗的燈光下，空無一人。

「什麼也沒有⋯⋯」小芳的聲音透出一絲不可置信的驚慌。

她正準備轉身回去的時候，忽然聽到了一個聲音。那是某種低沉的耳語，聲音來自她身後，像是從黑暗的角落裡傳來的。她猛地回頭，卻什麼也沒看到，但那聲音依舊不斷迴響在她的耳邊。

「你……能……看……見……我嗎？」聲音斷斷續續地低語著，越來越近，彷彿直接從她的耳朵裡傳出來。

小芳嚇得渾身顫抖，幾乎失去站立的力氣，急忙關上了門。她的臉色蒼白，雙腿發軟，幾乎是跌倒在地上。

「你剛剛聽到了嗎？那聲音……」她的聲音幾乎是一絲絲擠出來的，語氣裡滿是恐懼。

小潔與其他人點點頭，臉上掛著同樣的驚恐神情。每個人都聽到了那個聲音，但無法確定它來自何處。

就在這時，窗戶突然劇烈地晃動起來。我們一同朝窗外望去，見到窗外的陰影似乎越來越扭曲。那模糊的影子越來越靠近，我們能看到祂慢慢貼近窗戶，像是要穿透玻璃。

「不要靠近！別看祂！」小玲驚叫著，試圖拉著大家遠離窗邊。

但無論怎麼試圖逃避，那扭曲的影子依舊從玻璃外面緩緩靠近。窗戶開始發出刺耳的嘎吱聲，玻璃表面彷彿被一股無形的力量壓迫著，隨時可能碎裂開來。我們能清楚地看到那東西的輪廓，沒有五官，只有一雙黑洞般的眼窩直直盯著我們。

突然，房間的燈閃了幾下，然後徹底熄滅。黑暗吞沒了一切，只有窗外那陰森的影子依舊可見。

「祂要進來了……」我聲音微弱地說，幾乎帶著哭腔。

這時，敲擊聲再次響起，但這次不是來自門口，而是從四面八方傳來。彷彿有無數雙手同時拍打著牆壁，讓我們無處可逃。這股恐怖的力量將大家逼入絕境，每一個角落都像是潛伏著危險。

正當我們不知所措時，突然，一聲尖銳的哭泣聲從房間內響起。那聲音淒厲而尖銳，直接刺進我們的耳膜。我們急忙回頭，卻發現哭聲竟來自……小潔。

小潔不自覺地哭泣著，但臉上的表情卻異常平靜，眼神呆滯，彷彿失去了靈魂。她的嘴唇輕輕顫動，低語著一些無法理解的詞語。

「她……她怎麼了？」小芳的聲音幾乎是顫抖著問出來。

小潔的低語變得越來越急促，哭聲也變得越發恐怖。她的聲音裡充滿了絕望與恐懼，像是被某種看不見的力量所控制。她的雙眼死死盯著窗外的那個陰影，彷彿與祂有某種無聲的交流。

突然，小潔猛地站起來，像是受到了什麼驅使般，徑直朝窗戶走去。她的動作僵硬而詭異，像個被操控的木偶。

「不要過去！」我驚慌失措地喊道，急忙上前試圖阻止她。

但小潔的力量異常強大，完全無法控制。她的雙眼依舊死死盯著窗外那個影子，步伐逐漸加快，彷彿受到某種無形的召喚。

就在她的手即將碰到窗戶的時候，小玲衝到自己的櫃子拿出媽媽給的護身符與佛珠，然後觸碰小潔的身體，房間裡的燈突然閃亮起來，所有異常現象戛然而止。影子消失了，窗戶不再晃動，敲擊聲和哭泣聲也全部消失。小潔的身體頓時一軟，癱倒在地上，呼吸急促，渾身顫抖。

「天啊……」小芳小聲地說，三人全都不知所措地看著小潔，無法理解剛剛發生的一切。「幸好有媽媽給我的保命符。」小玲輕聲呢喃。

從那晚之後，宿舍裡再也沒有出現過那個陰影或奇怪的聲音，但我們知道，這場恐怖絕非結束。每到夜深人靜，宿舍裡仍然會瀰漫著一種難以言喻的寒冷，有什麼東西在角落裡注視著。我們不敢討論那晚的事情，但每個人的心裡都深知，那張臉和那聲低語，依然藏在某個看不見的地方，等待著下一次的現身。

聽完這個故事，心中不禁浮現出一種濃厚的陰鬱感，彷彿那股隱藏的恐懼仍在空氣中迴盪。故事中的宿舍，一個充滿回憶的地方，因為那神祕的陰影而變得詭異而不安，讓我記憶非常深刻。

這個故事在學姊講述時，我們坐在大學宿舍的大廳，學姊講到結尾，她說她看著我整個人好像被什麼東西搖晃了一大下，連旁邊的同學也是看著我就這樣被搖，大家聽完就快閃回房間睡覺，沒人知道是怎麼回事，但是我確定的是我被什麼靈體干擾了，或者那個靈體是覺得我聽到快睡覺，搖一搖我把我叫醒。

我見鬼了

作　者—孫以恩
主　編—林菁菁
企　劃—謝儀方
封面設計—魚展設計
內頁設計—李宜芝

總 編 輯—梁芳春
董 事 長—趙政岷
出 版 者—時報文化出版企業股份有限公司
108019　臺北市和平西路 3 段 240 號 3 樓
發行專線—（02）2306-6842
讀者服務專線—0800-231-705・(02)2304-7103
讀者服務傳真—(02)2304-6858
郵撥—19344724 時報文化出版公司
信箱—10899 臺北華江橋郵政第 99 信箱

時報悅讀網—http://www.readingtimes.com.tw
法律顧問—理律法律事務所 陳長文律師、李念祖律師
印　刷—勁達印刷有限公司
初版一刷—二〇二五年八月十五日
定　價—新臺幣三八〇元
（缺頁或破損的書，請寄回更換）

時報文化出版公司成立於一九七五年，
並於一九九九年股票上櫃公開發行，於二〇〇八年脫離中時集團非屬旺中，
以「尊重智慧與創意的文化事業」為信念。

我見鬼了 / 孫以恩著 . -- 初版 . -- 臺北市 : 時報文化出版企業股份有限公司 , 2025.08
面；　公分
ISBN 978-626-419-643-7(平裝)

1.CST: 鬼靈

298.6　　114008381

ISBN 978-626-419-643-7
Printed in Taiwan